"十二五"职业教育规划教材

Chengshi Gonggong Jiaotong Yunying Diaodu
城市公共交通运营调度

李源青 主 编

人民交通出版社股份有限公司
China Communications Press Co.,Ltd.

内 容 提 要

本书为"十二五"职业教育规划教材。全书共分为4个项目,主要介绍城市公共交通概述,城市公共交通行业管理,城市公共交通运营数据统计分析,城市公共汽(电)车企业运营调度管理等,帮助读者全面认识城市公交企业运营调度管理情况,帮助读者由浅入深地了解城市公交企业运营调度,学会运用调度软件进行相关业务操作。

本书可作为职业学校城市交通信息应用专业的必修教材,也可作为交通运输类相关专业选修教材。参考学时数为64学时。

图书在版编目(CIP)数据

城市公共交通运营调度 / 李源青主编. —北京:人民交通出版社股份有限公司, 2016.2

"十二五"职业教育规划教材

ISBN 978-7-114-12807-3

Ⅰ. ①城⋯　Ⅱ. ①李⋯　Ⅲ. ①市区交通—公共运输—运输调度—职业教育—教材　Ⅳ. ①U492

中国版本图书馆 CIP 数据核字(2016)第 025424 号

"十二五"职业教育规划教材

书　　名:	城市公共交通运营调度
著 作 者:	李源青
责任编辑:	袁　方
出版发行:	人民交通出版社股份有限公司
地　　址:	(100011)北京市朝阳区安定门外外馆斜街3号
网　　址:	http://www.ccpress.com.cn
销售电话:	(010)59757973
总 经 销:	人民交通出版社股份有限公司发行部
经　　销:	各地新华书店
印　　刷:	北京市密东印刷有限公司
开　　本:	787×1092　1/16
印　　张:	10.25
字　　数:	260 千
版　　次:	2016 年 2 月　第 1 版
印　　次:	2019 年 6 月　第 3 次印刷
书　　号:	ISBN 978-7-114-12807-3
定　　价:	30.00 元

(有印刷、装订质量问题的图书由本公司负责调换)

前　言

本书依据相关专业教学标准编写，编写模式突破了原来以学科为主线的课程体系，以应用为目的，以必需、够用为度，围绕职业能力的形成组织课程内容，以项目为中心整合相应的知识、技能，并由任务引领，实现课程改革的宗旨。

本书共分4个项目，内容涵盖城市公共交通概述、城市公共交通的行业管理、城市公共交通运营数据统计分析、城市公共汽(电)车企业运营调度管理等。每个项目均涉及几个相关任务，体现"做中学"的特点。

本书由上海市公用事业学校李源青主编，本书从编写到出版过程中，承蒙各位相关业务资深人士以及上海中安电子信息科技有限公司大力支持和帮助。

由于编者水平有限，书中难免存在的缺点和错误，恳请读者给予批评指正。

编　者
2015年12月

目 录

项目一 城市公共交通概述 ……………………………………………………… 1
  课题一 城市公共交通发展 …………………………………………………… 1
    活动一 了解城市公共交通的发展现状 ………………………………… 1
    活动二 初探城市公共交通的问题 ……………………………………… 13
    活动三 初探城市公共交通发展 ………………………………………… 20
  课题二 城市公共交通的系统 ………………………………………………… 22
    活动一 熟悉城市公共交通系统组成 …………………………………… 22
    活动二 掌握城市公共交通运营类型 …………………………………… 26
  课题三 城市公共交通客流特征 ……………………………………………… 27
    活动一 客流的时间分布特征及图例分析 ……………………………… 27
    活动二 客流的空间分布特征及图例分析 ……………………………… 31
  课题四 城市公共交通客流调查 ……………………………………………… 33
    活动一 熟悉客流调查种类 ……………………………………………… 33
    活动二 客流调查统计指标分析 ………………………………………… 33
  课题五 城市公共交通客流预测 ……………………………………………… 37
    活动一 了解预测及客流预测 …………………………………………… 37
    活动二 客流预测分析 …………………………………………………… 40

项目二 城市公共交通行业管理 ………………………………………………… 44
  课题一 城市公共交通线网和场站规划 ……………………………………… 44
    活动一 了解城市公共交通线网规划 …………………………………… 44
    活动二 熟悉城市公共交通场站设置与设施管理 ……………………… 48
  课题二 城市公共交通企业的日常运营管理 ………………………………… 51
    活动一 了解城市公共交通企业 ………………………………………… 51
    活动二 了解城市公共交通企业管理 …………………………………… 53
    活动三 熟悉城市公共交通企业组织架构 ……………………………… 55
  课题三 公交企业运营服务安全管理 ………………………………………… 62
    活动一 熟悉服务管理的内涵 …………………………………………… 62
    活动二 了解公交服务质量管理及服务质量指标内容 ………………… 63
    活动三 了解公交服务基础管理 ………………………………………… 68
    活动四 熟知公交行车服务 ……………………………………………… 69
    活动五 熟悉安全管理的内涵 …………………………………………… 70
    活动六 驾驶员与行车安全 ……………………………………………… 72
    活动七 道路与行车安全 ………………………………………………… 74
    活动八 环境与行车安全 ………………………………………………… 75
    活动九 行车事故的预防及处理 ………………………………………… 76
  课题四 城市公共交通设施管理 ……………………………………………… 83

  活动 识别城市公共交通设施 ·· 83
项目三 城市公共交通运营数据统计分析 ·· 87
 课题一 城市公共交通运营数据分析 ·· 87
  活动一 填写各类运营报表 ·· 87
  活动二 原始数据的统计分析 ·· 89
 课题二 城市公共汽（电）车企业营运调度管理指标体系 ································ 91
  活动一 乘客动态及运行计划指标汇总 ·· 91
  活动二 经济技术指标分析 ·· 93
项目四 城市公共汽（电）车企业运营调度管理 ·· 95
 课题一 城市公共汽（电）车运营调度管理概述 ·· 95
  活动一 城市公共交通运营调度基础认识 ·· 95
  活动二 城市公共交通运营调度的机构了解 ·· 97
 课题二 城市公共汽（电）车运行计划 ·· 101
  活动一 行车作业计划概述 ·· 101
  活动二 行车时刻表编制技巧与方法 ·· 106
 课题三 城市公共汽（电）车运行调派 ·· 110
  活动一 运行调派概述 ·· 110
  活动二 运行调派 ·· 111
 课题四 城市公共汽（电）车行车现场调度 ·· 113
  活动一 线站调度员工作 ·· 113
  活动二 行车现场调度管理 ·· 114
  活动三 线站调度员操作规范 ·· 116
  活动四 行车现场调度概述 ·· 117
  活动五 行车现场调度基本方法 ·· 119
  活动六 现场调度业务报表信息统计操作及统计分析 ···································· 121
  活动七 行车速度及影响因素分析 ·· 128
 课题五 城市公共交通信息化调度 ·· 130
  活动一 公交车辆智能车载终端 ·· 130
   任务一 认识先进的公共交通系统 ·· 130
   任务二 认识公共交通信息系统 ·· 132
   任务三 认识智能车载终端 ·· 135
  活动二 城市公共交通信息化管理 ·· 138
   任务 了解城市公共交通信息系统拓扑图 ·· 138
  活动三 公交智能调度系统 ·· 142
   任务一 熟悉城市公交智能调度系统 ·· 142
   任务二 认识城市公共交通信息化平台 ·· 149

参考文献 ·· 155

项目一 城市公共交通概述

知识要求

1. 了解城市公共交通发展现状及存在的问题;进一步理解城市发展与城市公共交通的关系;
2. 掌握城市公共交通运营类型;
3. 能辨析城市公共交通客流特征,了解客流预测方法,掌握客流调查的方法和内容。

技能要求

1. 能根据城市公共交通客流特征参与城市客流大调查活动;
2. 对自己今后未来的职业方向、工作岗位能有初步的想法。

课题一 城市公共交通发展

活动一 了解城市公共交通的发展现状

相关知识

一、城市公共交通发展简史

城市公共交通发展的主要里程碑,如表1-1所示。

城市公共交通发展的主要里程碑　　　　　　　表1-1

年份	国家	城市	事件
1600	英国	伦敦	第一辆出租车
1662	法国	巴黎	第一辆城市马拉公共班车
1825	美国	Stockton 至 Darlington	第一条铁路
1832	美国	纽约	第一条马拉有轨街车线
1863	英国	伦敦	第一条地下铁路
1873	美国	旧金山	缆车
1888	美国	弗吉尼亚州	第一条电车线
1899	英国		第一辆公共汽车
1901	法国	巴黎	第一条无轨电车线
1910	英国	伦敦	马拉公共班车全由公共汽车代替
1955	德国	杜塞尔多夫	第一辆现代铰接式电车
1955	美国	克利夫兰	第一个大规模的停车换乘快速公交系统
1956	法国	巴黎	第一条胶胎快速公交线
1962	美国	纽约	第一条全自动快速公交线
1969	美国	华盛顿	第一条通勤车专用道
1972	美国	旧金山	第一条由计算机控制的快速轨道公交系统
1975	美国	弗吉尼亚	第一个全自动无人公交系统
1978	德国		双能源无轨电车问世

城市交通发展历程见图1-1～图1-4。

图1-1 双层马拉公共汽车

图1-2 公共马车

图1-3 无轨电车

图1-4 轨道交通车

从表1-1、图1-1～图1-4中可以看到,城市交通的发展经历了一个由简单到复杂,由低级到高级的发展演化过程。从人力车、马拉车,到电车、公共汽车、小汽车,再到地铁、轻轨乃至磁悬浮等自动化程度很高的多种交通方式,由多种运输工具组成的综合客运系统,完全改变了过去单一的平面交通体系。

二、上海公共交通发展历程

1908年,上海市建成并运营了我国第一条有轨电车线路,揭开了上海市百年的公共交通发展历程。到2011年年底,上海市建成并运营着我国规模最大的城市轨道交通系统,城市地面公交和出租车规模也位居全国前列。可以将上海公共交通的发展分为新中国成立前、改革开放前、改革开放后三个发展历程。

1. 新中国成立前

(1) 电车的兴起与发展

上海市是我国最早拥有有轨电车的城市之一,1908年,英商在上海建设并运营了第一条有轨电车线路,线长6.04km,同年,法商也建成了有轨电车线路,此后英商共开通8条有轨电车线路,法商也开通了3条有轨电车线路。1913年,华商有轨电车1路通车运营,线路自小东门至高昌庙(今高雄路),线长4.97km。之后,华商还陆续开通了小东门—老西门、高昌庙—老西门等有轨电车线路。

1914年,英商建成了上海市第一条无轨电车线路,南起郑家木桥(今福建中路延安东路),北至老闸桥南堍(今福建中路北京东路),线长1.1km。1926年,法电也开辟无轨电车线路,大多数与英电联营合驶。

辛亥风云后的上海迎来发展的黄金时期,伴随着城市规模的膨胀,上海的有轨电车也进入了快速发展期。此后直至抗战之前,英商、法商以及华商的有轨电车线路逐步增加,有轨电车线路遍布整个上海中心区域,开辟有轨电车和无轨电车线路近80余条,部分线路还实行了不同运营商之间的联营和接轨运行。车辆方面,英商公司从1908年的65辆电车发展到1936年的325辆电车，法商公司则从28辆发展到了113辆的规模，华商公司的电车总量也从12辆激增到81辆。线路东起外滩、杨树浦，南达高昌庙，西到静安寺、徐家汇，北至北站、虹口公园（今鲁迅公园）等各个地区。由此，上海初步形成公共电车交通网。

1937年，华商电车被日军侵占，4条线路被迫停驶。抗战期间，还有部分线路缩线运营。直至抗战结束，部分线路才逐步恢复运行，20世纪50年代南京路上的有轨电车见图1-5。但因上海租界不复存在，外商原有特权消失，经营势头大减，经营发生亏损，不愿更新车辆设备，有轨电车自此步入衰退期。只需架设电线而无需投资铺设轨道的无轨电车以及更灵活的汽车线路开始逐步取代上海的有轨电车线路。

到1949年，上海市共有电车497辆，其中无轨电车166辆、有轨电车331辆；电车线路21条，总长111.8km，其中有轨电车线路12条，长69km；无轨电车线路9条，长42.8km。20世纪50年代上海市电车线网见图1-6。

图1-5　20世纪50年代南京路上的有轨电车

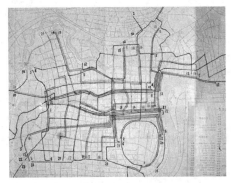

图1-6　20世纪50年代上海市电车线网

（2）公共汽车的兴起

1922年8月，上海开辟静安寺至曹家渡间公共汽车路线，全长4km。随后闸北与沪南地区也出现公共汽车线路。1923年6月，英商在公共租界内开辟静安寺至洋泾浜外滩（今延安东路外滩）线路。1927年，法商在法租界开辟2条公共汽车线路，行驶于外滩至打浦桥和外滩至贝当路（今衡山路）间。

1921年，华商开辟第一条上海至太仓的长途汽车线路，上海郊区开始出现公共汽车线路。此后，青浦、松江、闵行、川沙、南汇、宝山、吴淞以及崇明岛，都先后出现公共汽车客运企业。

到1949年，上海市共有公共汽车402辆，公共汽车线路46条，总长937.8km。其中市内线路23条，长138.6km；近郊及长途汽车线路23条，长799.2km。

2. 改革开放前

（1）电车的衰落

1945年以后，由于设施老旧、钢轨对路面影响较大等原因，有轨电车开始逐步被拆除，无轨电车发展也处于停滞。南京路的有轨电车轨道于1963年8月14日深夜被拆除（图1-7）；卢湾区境内的有轨电车于1971年3月24日停驶；黄浦区境内的有轨电车于1972年4月25日停驶；上海最后一条有轨电车线于1975年12月1日被拆除。

图1-7　1963年南京路有轨电车轨道被拆除情形

(2) 公共汽车迅速发展

1949年5月以后,上海市军管会接管公交。1950年3月,上海市公共交通公司成立。1954年9月,浦东地区上川交通股份有限公司、上海交通股份有限公司和浦东地方建设股份有限公司等3家私营企业实行社会主义改造,合并成立公私合营上海市浦东公共交通公司(简称浦交公司)。此后,其余私营中小型公共交通企业也实行公私合营。

1958年,新辟公共汽车线路14条,发展曹杨、长白、控江、天山、甘泉、日晖等工人新村和桃浦、彭浦、吴淞、港口、军工路、吴泾、闵行等工业区公共交通。为方便钢铁等行业职工夜班乘车,1958年9月市公交公司开辟第一条通宵线路65路。到1959年,通宵服务的线路陆续发展到24条。1965年,上海市共有公共汽车1 395辆,比1949年增加2.47倍。到1975年,全市共有公共汽车1 809辆。

3. 改革开放后

改革开放以后,上海公共交通伴随城市的快速发展主要经历了三大阶段。

改革开放以后至20世纪80年代,公共汽(电)车承担着城市的主要的机动化出行。改革开放初期,居民生活水平不高,个体交通以非机动车为主;城市尚未建设轨道交通,只有少量出租车,公共交通方式则以公共汽(电)车为主。因此,当时居民出行主要方式是公共汽(电)车、自行车和步行,三者合计占出行比重的95%以上。随着中心城面积扩大,市民的出行距离增加,对适合中长距离出行的公共交通依赖程度不断提高。根据统计,1986年,公共汽(电)车承担了日均1 320万乘次的客运量,客运规模和客运强度一度位于国际各城市之首。

浦东开发自开放以来至20世纪末,开始了轨道交通的建设。20世纪90年代,上海经济进入快速发展阶段。伴随经济增长,城市建成区继续扩展,居民出行量日益增加,机动车也快速增长。至1999年,全市常住人口已增至1 500万人,机动车拥有量达到70多万辆。道路设施容量难以满足交通需求的增加,城市道路交通情况恶化,公交车运行服务水平下降。加之助动车等非机动车快速发展,居民出行转向非机动车,公共交通吸引力整体下降。以市区方式比重变化为例,公交出行方式与非机动车两者的比例由1986年的3∶2转变为1995年的2∶3。当时的道路交通条件和以公共汽(电)车为主的公共交通,已经难以适应城市空间的扩大、机动化方式出行需求增长的要求,因此,上海在20世纪90年代开始了城市道路交通的改造和建设,同时开始了轨道交通1号线的建设。20世纪90年代,公共交通客运量的变化特征是,公共汽电车客运量逐渐萎缩,出租车客运量快速增长,轨道交通呈现起步增长。总体客运量呈现了下滑,1994年的公共交通客运量为1 028万乘次/日,至2000年的客运量是975万乘次/日。

进入21世纪,轨道交通网络快速发展。这一阶段城市化进程加快,郊区新城快速发展,城市空间和人口快速拓展。中心城西侧的宝山、嘉定、闵行、松江以及浦东等行政区成为城市建设用地主要增长区域。2000~2012年,全市人口从1 721万人增长至2 300万人;注册机动车辆从104万辆增长至262.33万辆;汽车注册量从50万辆增长至217.04万辆。传统的公共汽车(电)车已无法适应城市空间的要求,而小汽车交通无法适应中心区高密度就业岗位所带来的巨大客流拓展,大容量、快速的轨道交通成为公共交通发展的必然选择。

三、上海公共交通发展概况

上海公共交通主要包括轨道交通、公共汽电车、出租车和轮渡等。截至2012年,上海轨道交通(含磁悬浮线)线路长468.2km,公交车辆1.74万辆,公交专用道运营里程161.8km,出租车5.07万辆,中心城越江通道(含外环)保持"4桥12隧"89条车道。

其中,轨道交通621.8万乘次,地面公交766万乘次,出租车239.7万乘次,轮渡19.7万乘次。上海公共交通客运量发展变化及结构比例分别如图1-8和1-9所示。伴随着轨道交通线路里程的快速增长,轨道交通在公共交通体系中的骨干作用日益显现。

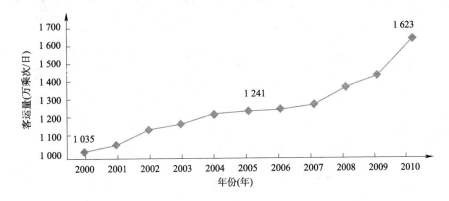

图1-8 上海公共交通客运量发展变化

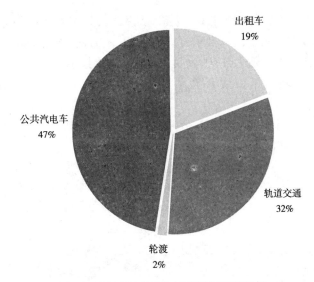

图1-9 2010年上海公共交通客运量结构比例

(1) 轨道交通

2012年年底,上海已有13条轨道交通线路(含磁浮线),运营线路总长468.2km,车站共计289座,线网布局呈现由中心城向外辐射的特征。根据2012年公交客流调查资料,全市轨道交通新增9座车站,运营车站达289座,换乘车站37座,轨道交通平均站距1.6km,内环内站点600m半径服务覆盖率68%,轨道交通服务逐步向远郊区延伸,辐射范围逐步扩大。

2010~2012年轨道交通年日均客运量见表1-2。轨道交通快速发展,日均客运量总体呈逐月走高趋势,相比2000年轨道交通日均客运量仅42万乘次,至2012年全年日均客运量已经达到621.8万乘次。2010年,上海轨道交通在世博交通保障中起到了至关重要的作用,世博会期间轨道交通日客运量屡创新高,曾达到731万乘次的高值。

2010～2012年轨道交通年日均客运量（单位：万乘次）　　　　　表1-2

线　路	2010年	2011年	2012年
1号线	108.2	102.4	102.8
2号线	102.8	111.9	120.1
3号线	45.7	45.2	47.1
4号线	64.4	64.8	68.3
5号线	11.7	11.7	11.8
6号线	21.9	23.8	26.1
7号线	39.3	46.8	53.8
8号线	54.3	58.7	64.3
9号线	36.2	47.1	53.9
10号线	17.1	43.0	50.4
11号线	13.1	19.3	22.5
13号线			2.4
磁浮线			0.8
合计	516.2	575.6	621.8

（2）公共汽（电）车

截至2012年，全市共有公交线路1 257条，线路总长2.319万km，线网长7 052km，营运车辆17 455辆。通过中心城区内一批重复线路的归并、撤销，线路资源过度集中于中心城区的状况有所改善。中心区公交站点300m覆盖率已经达到90%以上，外围区公交站点300m覆盖率在60%左右。2012年公交客流调查显示，上海市区500m半径公交站实现覆盖率100%。

2012年公共汽电车日均客运量766万乘次，上海公共汽电车的客运量出现了下滑到逐步回升的过程。上海公共汽车客运量见图1-10。

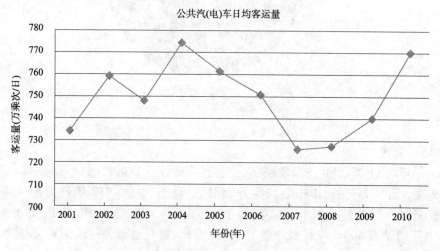

图1-10　上海公共汽电车客运量

1998～2004年，上海市陆续在延安路、金陵路、武宁路、武宁南路、西藏路、天钥桥路设置了公交专用道，从2005年起，上海市政府加快扩大公交专用道的实施范围，截至2012年，上海市中心城区的30余路段已建成公交专用道161.8km，基本形成了以"三纵三横"主干道为骨架的公交专用道网络系统。

2014年地面公交线路1 377条,区域公交规模进一步扩大,运营线路799条,运营车辆5 469辆,分别比上年同期增长5.8%、2.5%。公共汽车电车日均客运量达730万乘次,同比下降1.7%。其中,区域公交日均客运量250万乘次,比上年同期相比增长1.9%。

(3)出租车

上海出租车实行总量控制,出租车保持适度规模,2012年全市出租车运营车辆数5.07万辆,日均客运量293.7万乘次,日均载客车次162.6万次,日均载客里程1 088.5万km、服务车次35次、平均乘距6.3km、里程利用率基本保持在60%左右,见表1-3。

出租车主要运行指标　　　　表1-3

年份 (年)	载客里程 (万km/日)	载客车次 (万次/日)	客运量 (万乘次/日)
2006	1 006	161	294
2007	1 005	158	288
2008	1 128	168	305
2009	1 034	167	302
2010	1 090	173	314
2011	1 083.2	166.7	301.4
2012	1 088.5	162.6	293.7

根据上海第四次综合交通大调查,上海共有出租汽车营业站65处,提供候客泊位145个,可同时蓄车1 185辆。营业站分布上主要集中在内环线以内,主要沿延安高架、沪闵高架、世纪大道周边商业、办公设施设置,呈明显的沿中心轴线带状分布特征。

2014年,上海城市交通运行城市客运结构进一步优化,轨道交通骨干作用更加突显:

(1)城市客运结构进一步优化。2014年全市共完成城市客运量65.85亿人次,日均客运量达1 804万乘次,比上年同期增长3.6%。客运结构继续保持良性变化趋势,轨道交通占比重由2013年的39%增加到43%,超过地面公交比重。

(2)轨道交通网络运营规模进一步扩容,客流增长迅速,高峰大客流特征凸显。12号线曲阜路站、7号线祁华路站投入运营,2014年底,13号线金沙江路站—长寿路站、16号线罗山路站—龙阳路站正式投入载客试运营,至此,上海地铁全网运营线路总长将增至548km、车站共计337座。

2014年,轨道交通日均客运量775万乘次,同比增长12.8%。工作日日均客流已达840万乘次,单日客流逾900万乘次的共27d。放射性线路高峰客流拥挤程度较高。早高峰全网进站客流占全日进站客流总量的13%,全网拥挤里程比例超过17%。周末(周五)大客流成常态化,尤其是重大活动或节假日因素客流增长显著,其中,11月和12月每个周五都突破900万乘次,12月31日元旦前又创历史客流新高,全网客流达到1 028.6万乘次。

(3)地面公交供应能力不断提升,客流保持稳定。2014年,地面公交线路1 377条,同比增长2.9%,区域公交规模进一步扩大,运营线路799条,运营车辆5 469辆,分别比上年同期增长5.8%、2.5%。公共汽车电车日均客运量达730万乘次,同比下降1.7%。其中,区域公交日均客运量250万乘次,比上年同期相比增长1.9%。

(4)出租车客运量呈下降趋势。出租车保持适度规模,营运车辆5万辆左右,出租车客运呈现下降趋势,日均客运量283万乘次,同比下降3.9%。区域出租车客流增长趋势日均客运量40.9万乘次,同比增长2.7%。

"十二五"城市公共交通主要发展指标见表1-4。

"十二五"城市公共交通主要发展指标　　　　　表1-4

类别	序号	项目	单位	指标值 2010年	指标值 2015年
客运量及比重	1	中心城公共交通出行比重	%	47	50
	2	日均公共交通乘用次数	乘次/百人	70	85
	3	公共交通日均客运量	万乘次	1 623	2 100～2 180
	4	中心城轨道交通客运量占公共交通客运量的比重	%	35	50
供应能力	5	轨道交通运营线路长度	km	453	>600
	6	中心区公交站点300m覆盖率	%	>92	100
	7	内外环间、郊区新城内部、新市镇公交站点500m覆盖率	%	>85(内外环间)	100
	8	公交专用道里程	km	162	300
	9	郊区行政村公交通达率	%	95	100
服务水平	10	中心城轨道交通高峰时段发车间隔	min	≤7	≤6
	11	公共汽电车高峰时段发车间隔(特殊线路除外) 中心城	min	—	≤8
	12	公共汽电车高峰时段发车间隔(特殊线路除外) 郊区建成区	min	—	≤10
	13	轨道交通运行正点率	%	96	≥99
环保节能	14	公交车辆国Ⅲ以上排放比例	%	60	100
	15	公共交通万人客运量能耗			比2010年降低5%

知识拓展

1. 中国上海交通模式——一体化交通发展新模式

一体化交通具备人性化、捷运化、信息化、生态化的基本特征；目标是提供"畅达、安全、舒适和清洁"的交通服务。"人性化"是指以满足人的交通需要为出发点；"捷运化"是指以快速大容量公共交通为运输主体；"信息化"是指广泛应用交通信息技术；"生态化"是指创造宜人的交通活动空间。"畅达"是要满足市民选择最合适的交通方式便捷地完成出行，中心城绝大多数市民出行在一小时之内完成，"安全"是要降低交通事故率，全年交通事故万车死亡率在万分之五以内；"舒适"是要为市民出行提供宽松、良好的乘车条件；"清洁"是要减少交通污染，全市机动车氮氧化物年排放总量在3.5万t以下。

交通一体化的基本任务如下：

(1) 建成协调运营的公共客运服务系统；

(2) 建成功能完善的综合道路运行系统；

(3) 建成多式联运的交通衔接系统；

(4) 建成统一、协调和高效的运输管理系统。

交通一体化是通过协调各级管理部门、基础设施、管理措施、价格调整及土地利用等因素来发展交通，从而提高运输体系的整体效益的一项交通政策。建立完整高效的交通一体化运输体系，实现包括私人汽车、公共交通、自行车交通及步行等综合效应以及交通相关的设施、部门及政策之间的相互协作。它相对综合运输范围更广，综合运输限于各种运输方式的相互协作,构造连贯的交通运输网以及组织有效和适合运输需求的运输系统。

各级管理部门权限的一体化;不同运输方式发展策略的一体化;新建基础设施、管理既有设备及调整基础设施价格等策略的一体化;交通规划与土地利用的一体化。目标就是资源的有效利用,增强交通的可达性,提高交通安全性,增加社会效益和经济效益。交通一体化通过对多方面不同措施的组合实施来获得预期的效果,见表1-5。

交通一体化的具体措施 表1-5

基础设施	管理措施	价格因素	土地利用
新建高速公路	采取交通控制,规范道路停车	管理停车费	利用密度
改建高速公路	改善交叉口,公交车站管理	过路费	发展的最低限度
新建轻轨	设置单行线,限制私有车	燃油价格	交通相关设施
新建公交车站	巴士优先,合乘私有车	尾气税	交通与商业区
修建停车场	自行车管理,提高服务频率	汽车税	交通与工业区
公交专用线	优化人行道,改进公交线路	费用结构调整	交通与住宅区
增加交通工具	交通秩序	车辆导航系统	
非机动车设施	事故处理措施,乘客信息		

2. 未来世界的20种交通工具

(1)飞行器Sydpelin(图1-11):Sydpelin是一款时尚而亮丽的飞行器,灵感来自于经典的齐柏林飞艇和概念艺术家米德的标志性设计作品。与最初的齐柏林飞艇设计有所不同的是,Sydpelin采用等离子束作为动力,在为内部供暖的同时驱动发动机运转。一些人认为,使用氢气填充一艘巨大的飞船几乎就等于让自己置身险地。

(2)移动城市(图1-12):当地球资源耗尽,整颗星球陷入危险之中时,人类便可能生活在可以移动的城市。利用地球上的树木和其他植物,每一座移动城市的外壳内都拥有一个可供居民呼吸的大气层。

图1-11　飞行器Sydpelin　　　　　　　　　图1-12　移动城市

(3)激光驱动"绿色"城市列车(图1-13):2112年,月球上发现一种新矿物。这一新发现让研发新型高能激光成为一种可能。新激光能量巨大,可用于驱动图片呈现的"绿色"城市列车。在未来世界,可以发射激光的特殊建筑将遍布城市各个角落,所发射的激光在必要时还可改变路线。

(4)Vimana 2(图1-14):由固态光打造的Vimana 2,用于揭示令几代人困惑不解的一系列谜团。这种交通工具造价低并且质量轻,但穿越时空时的光反射问题也非常令人讨厌。20世纪和21世纪,天空中出现的类似奇怪光点一度被人们误认为UFO。

图1-13 激光驱动"绿色"城市列车　　　　　　图1-14　Vimana 2

（5）概念列车MD（图1-15）：400概念列车MD 400的设计灵感来自于米德的作品，是未来交通工具的一个美丽代表。这款"纤细"的列车虽然搭载人数不及传统地铁，但所采用的磁悬浮技术却可以让它快速而安静地穿过隧道。

（6）零排放穿梭机（图1-16）：Praetoria文明是一个反乌托邦世界，生活在地面已经没有安全保证。创造者表示这款概念交通工具就是针对这样的文明设计的。由于污染严重和强盗横行，富人被迫移居到飘浮的岛屿，远离危险重重的地面。图片中展现的零排放穿梭机是往返于地面与飘浮岛的唯一方式。

图1-15　概念列车MD　　　　　　　　　　图1-16　零排放穿梭机

（7）长着巨腿的概念车（图1-17）：ATVATV概念车不仅依靠轮子移动，同时也借助类似动物的巨腿征服复杂地形。它的乘员舱距地面很高，便于驾驶员观察前方是否有麻烦。

（8）Acinonyx动物造型概念车（图1-18）：Acinonyx概念车集一系列动物与机器功能于一身，是一款全地形车，能够征服任何恶劣地形。从外观上看，这款概念车设计受动物影响程度显然多于机器，迷人的动物造型便是一个最好的证明。

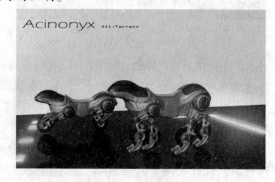

图1-17　长着巨腿的概念车　　　　　　　　图1-18　Acinongx动物造型概念车

(9)沙漠螳螂(图1-19):在茫茫沙漠寻找适于建立人类殖民地的地方是一项艰巨任务,这个时候,"沙漠螳螂"便可派上用场。这款未来派交通工具外形怪异,但也酷劲十足,利用独特的驱动系统征服任何地形。此外,它也可以用于运送装载原料的货车和乘客,从一个居住地前往另一个居住地。

(10)漂浮酒店(图1-20):在未来,固定酒店将成为过去,而类似邮轮的漂浮酒店将大行其道,越发受人们的欢迎。亚特兰蒂斯Ⅱ就是这样一家漂浮酒店,它的规模以及绝大多数特征均与一座小城市类似。住在这样一家酒店并享受游牧般的生活,游客们自然流连忘返,永远不愿离去。

图1-19 沙漠螳螂　　　　　　　　　　　图1-20 漂浮酒店

(11)Urb-01两轮城市车(图1-21):四轮汽车占据了公路上的大量空间,在高科技无处不在的未来,继续使用机械方面存在诸多局限性的四轮汽车将变得不切实际。Urb-01是一款采用回转仪的两轮城市车,有了它,通勤将变得简单而充满时尚感。这款双座椅汽车的一大亮点当属滑动式车门设计。

(12)大块头NOMAD(图1-22):大块头NOMAD的设计灵感来自于米德的巨型概念车,其最大特征当属大容量移动桥和停机坪。它采用核动力驱动,可长时间保持运转状态,即使连续工作相当长时间也不在话下。大块头NOMAD可用于修建公路,探测陌生区域和为有需要的地区运送车辆和补给品。

图1-21 Urb-01两轮城市车　　　　　　　图1-22 大块头NOMAD

(13)水下交通工具"章鱼"(图1-23):当人类文明迁至水下世界,我们将需要一款新型交通工具,在被水包围的城市之间穿行。水下交通工具"章鱼"将有机元素与机械巧妙融合在一起,达到一种完美的平衡。在操控"章鱼"行进的同时,驾驶者又可受到有机材料打造的触角保护,保证自身出行安全。CG联盟(CGSociety)"加速"(Accelerate)大赛为那些在视觉特效、视觉设计方面有非凡创意的设计师提供了自我展示的平台,此次大赛要求数字艺术家们根据电影史上著名概念艺术家赛得·米德的作品为灵感,为人类设计未来交通工具。

(14)甜甜圈飞行器(图1-24):未来公共交通系统将呈现出怎样的面貌?是否是一个充满奇幻色彩的世界,人们都搭乘甜甜圈形金属结构飞行器往返于住处与公司之间?借助于图片呈现的这款概念交通工具,我们绝大多数人缩短通勤时间的愿望便可成为现实。如果未来交通系统均由类似这样的飞行器构成,我们便可在眨眼之间穿行相当遥远的距离,前往任何我们想去的地方。

图1-23 水下交通工具"章鱼"   图1-24 甜甜圈飞行器

(15)汽车编队系统(图1-25):如果将你的汽车与其他人的汽车连接在一起形成车队并交由头车控制,所有后车的驾驶者在上班途中便可简单地坐在座位上休息放松和浏览当天的新闻,无须亲自操控汽车。如此编队出行听起来是不是非常具有未来派色彩?目前,欧洲正在研发和测试一个类似系统。遗憾的是,接受测试的汽车并不像图片中的概念车队一样又炫又酷。

(16)自治数据库运输车(图1-26):自治数据库运输车(ADT)专为2137年设计,是一个极富独创性的想法,可以节省大量资金和人力并确保数据安全,防止遭到无孔不入的黑客攻击。ADT通过一种令人吃惊的方式,达到防黑客的效果,即亲自为政府和私人客户"运输"重要数据。放弃互联网而使用实体运输车运送数据看似一种退步,但从确保数据安全的角度上说,这却是一种进步。

图1-25 汽车编队系统   图1-26 自治数据库运输车

(17)Halo 49单人交通工具(图1-27):Halo 49单人交通工具与米德设计的一款运输设备非常类似,但它也提出了一个极为独特的新概念。坐在这款吃豆人造型的概念交通工具里面,驾驶人可以借助两个无线盘进行导航,前往自己的目的地。

(18)Trakker全地形车(图1-28):未来的执法者可能不得不应对复杂而多变的地形,工作地点也将不仅限于地球,同时也要在其他行星上进行执法。对于他们来说,拥有一款可以做到"任我行"的交通工具的重要性我们不言而喻。Trakker 全地形车能够征服所遭遇的任何地形,即使奔赴最为偏远的区域也能畅通无阻。

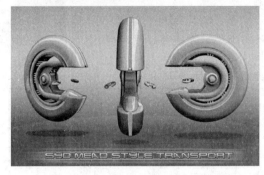

图1-27　Halo 49 单人交通工具　　　　　　　图1-28　Trakker 全地形车

(19)航天器 Spacetime Runner(图 1-29):在不远的将来,我们可能无需依靠陈旧的太空飞行方式,耗时数千年前往遥远的星球。我们要做的就是搭乘类似 SpacetimeRunner 这样的航天器,将虫洞作为一条"捷径"飞往地球以外的其他星球。

(20)垃圾收集车(1-30):假设我们在未来并未培育出用于降解垃圾的"可编程"细菌,我们仍需借助传统的垃圾回收方式——使用车辆完成垃圾收集工作。正如图片所呈现的那样,这款垃圾收集卡车设计虽然简单,但在未来世界,简单的设计也能给人一种望而生畏的感觉。

图1-29　航天器 Spacetime Runner　　　　　　图1-30　垃圾收集车

思考与练习

1.对城市公共交通发展的主要里程碑有何想法?从表 1-1 中得到什么启示?

2.对未来职业方向、工作岗位有何想法?每位同学可以通过查阅相关资料,书写一段 200~300 字的描述性文字。

活动二　初探城市公共交通的问题

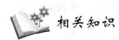

一、公共交通发展水平比较

为了解上海城市公共交通的发展水平,选择具有可比性的大城市进行了比较,主要选择香港和北京。

1. 城市基本情况

香港:2014年,香港管辖总面积2 755km²,常住人口723万人。

北京:2014年年底,全市常住人口为2 151.6万人。

上海:全市面积7 037km²,截至2014年年底,上海全市常住人口总数为2 425.68万人。上海市公共交通客运量主要指标见表1-6和图1-31。上海市公共交通车辆数量见表1-7。

上海市公共交通客运量主要指标　　　　　　　表1-6

年份(年)　指标	2009	2010	2011	2012	2013
轨道交通客运总量(万人次/日)	361.20	516.18	575.63	623.49	686.65
公共电汽车客运总量(亿人次/日)	741.37	769.32	770.14	768.22	742.47
出租汽车载客车次(万次/日)	166.92	173.44	166.74	163.02	163.21
合计数	1 269.49	1 458.94	1 512.50	1 554.73	1 592.33

注:数据来源于《上海统计年鉴》(2010~2014)。

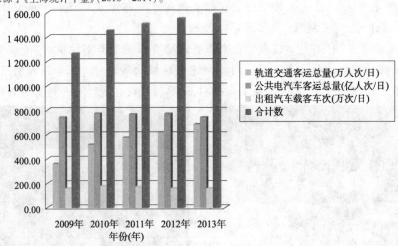

图1-31　上海市公共交通客运量主要指标

上海市公共交通车辆数量　　　　　　　表1-7

年份(年)　指标	2009	2010	2011	2012	2013
轨道交通运营车辆(节)	1 833	2 842	2 899	3 130	3 490
运营公交电汽车车辆数(辆)	16 272	17 455	16 589	16 695	16 717
出租车运营车辆(辆)	49 111	50 007	50 438	50 683	50 612

注:数据来源于《上海统计年鉴》(2010~2014)。

2. 轨道交通

2013年,香港轨道交通包括地铁和九广铁路,香港轨道交通里程超270km。其中包括地铁、铁路、轻轨,分别为观塘线、荃湾线、港岛线、东涌线、将军澳线、迪士尼线、东铁线、马鞍山线及西铁线、机场快线及轻轨线路。日均客运量510万乘次/日,客运强度达到1.89km/km²。

2014年,北京轨道交通长度527km。日均客运量796万乘次/日,客运强度1.51万乘次/公里。

上海2014年轨道交通运营线路总长度548km(不含磁悬浮),日均客运量840万乘次/日,客运强度1.53万乘次/km。

3. 公共汽(电)车

2012年,香港(专营巴士和公共小巴)1.1万辆,日均客运量650万乘次/日;若包括居民小巴、港铁接驳巴士日均客运量达到617万乘次/日。

2012年,北京运营车辆22 146辆,公共交通日均客运量超过2 060万人次。公共出行比例高达44%,成为全国公交出行比例最高城市。

2012年,上海1.67万辆,日均客运量达到769万乘次/日,占公共交通客运总量的40.5%,仍是公共交通出行的主要方式。

按照千人拥有率计算,上海千人拥有0.8万辆公共汽电车,低于香港、北京的千人拥有率水平。

4. 出租车

2011年,香港1.8万辆,北京6.6万辆,上海5万辆。就千人拥有率计算,上海千人拥有2.1万辆,而香港和北京的千人拥有率分别为2.5万辆和3.3万辆。随着郊区的发展,上海出租车总量还可以提高。出租车每日客运量来看,上海出租车日均客运量314万乘次/日,每车日均载客63乘次,均处于较高水平。

5. 客运量

公共交通日均客运量,香港1 679万乘次,北京2 079万乘次,上海1 623万乘次。按照常住人口人均乘坐次数来看,上海每人日均乘坐0.7次公共交通,其他城市该值均在1以上,其中香港人均乘坐公共交通次数为1.6次。

各城市公共交通日均客运量比较见表1-8。

公共交通日均客运量比较　　　　　　　　表1-8

城市	日均客运量 (万乘次/日)	常住人口 (万人)	人均乘坐次数 (次数)	年份 (年)
香港	1 679	711	1.6	2011
北京	2 079	1 961	1.1	2010
上海	1 623	2 300	0.7	2010

注:香港包括铁路、地铁、轻轨、专营巴士、公共小巴、居民巴士、港铁接驳巴士、出租车、电车、缆车、轮渡;北京包括地铁、公共汽车、出租车;上海包括地铁、公共汽电车、出租车、轮渡。

各方式客运量比重,上海轨道交通客运比重高于北京,低于香港。相比较而言,上海出租车客运量比重较高,作为公共交通的补充,可适当降低未来出租车客运量比重。

二、上海公共交通存在的主要问题

上海在公共交通发展过程中仍然存在一些问题,未来还需要公共交通承担更严峻的任务。

1. 公共交通基础设施建设尚需完善

首先,土地和资金紧缺。目前公共交通基础建设缓慢的重要原因是土地资源紧张、资金不足。比如,客运枢纽建设,一方面城市用地紧张,落实较难;另一方面动迁成本高;再比如,中心城公交专用道建设面临的主要困难也是土地资源紧张,道路拓宽的空间有限。

其次,公共交通基础设施和城市发展的互动作用有待进一步加强。主要表现在以下几个方面,一是大运量的轨道交通车站,周边为低密度的用地开发;二是公共交通基础设施与周边用地开发的同步启动;三是公共交通基础设施建设需要进一步统筹规划、设计和建设。

2. 公共交通线路网络结构不尽合理

上海公共交通方式主要有轨道交通、公共汽(电)车、出租车和轮渡。起主要作用的为轨道交通和公共汽(电)车,其形式上相对单一,运送速度和运能存在空白。从运送车速来看,目前已建成的轨道交通的运送车速基本为35～40km/h,公交车由于受道路状况的影响,根据所处的区域不同,运送车速基本为12～20km/h。从运输能力来看,已建成的轨道交通(A型车)的运送能力基本在4.5万～7万人次/h,公交车在次干道及以上道路运行的运送能力最高基本为0.3万人次/h。一方面,随着郊区的发展,新城与中心城之间以及新城之间的联系的距离较远,轨道交通35～40km/h的运送车速难以适应长距离发展,需要发展更快的交通方式。另一方面,在轨道交通和公共汽电车在运送车速和运输能力上差距较大,也需要一种交通方式弥补空白。此外,对于郊区轨道交通车站、公交枢纽站,仍然有一部分客流需求,这部分需求量较少,相对分散,不适合中大运量的运输方式,需要一种小规模的客运量。如小型巴士,客运能力在每小时1 000人左右。

轨道交通线路过长,网络使用功能趋于同化。轨道交通线路不断延长超过合理范围。通常城市轨道交通线路长度在30～40km较为合适,目前,地铁9号线(松江新城—杨高中路)已经达到46km、地铁11号线一期(嘉定新城—江苏路)44km。地铁2号线(徐泾东站—浦东国际机场)线路长度已经达到60km。过长的线路,将承担中心城和郊区的两种性质截然不同的客运功能,难以兼顾。并且,市通郊线路采用与中心城相似模式,站距较短,没有越行站,运营速度不高,与道路交通相比,郊区轨道交通的出行时间缺乏竞争优势。目前,规划建设的地铁16号线,采取了快线形式,开始了郊区快线的尝试。

轨道交通和公共汽(电)车两网尚未形成统一协调的整体。在轨道交通已经成网络化的情况下,公交线网应进行相应的调整。上海每年都在调整一些公交线路,但是由于公交线网的优化调整涉及市民乘车习惯及企业利益的调整,一直以来推进较难。目前公交线网与轨道交通网络不适应性主要体现在公交线网在线路走向、站点设置上与轨道交通不协调,在客流上存在相互竞争的现象,在对轨道交通的接驳和补充方面仍显不足。此外,公交网络覆盖尚有空白。特别是一些轨道交通站点、新开发居民小区和一些新市镇,缺少公交线路接驳和配置。偏远地区公共汽电车站点覆盖范围仍存不足。在这些地区的公交配套不足给非法营运出租车创造了条件。

3. 公共交通运营服务水平有待提高

道路交通运行情况影响公交可靠性。轨道交通是按照既定的运行图运行,其可靠性具有较好的保证,轨道交通的准点率可达到97%或以上,相比之下,城市道路运行状况差难以保障公共汽(电)车的准时性和可靠性。随着小汽车的快速增长,道路交通运行状况越来越紧张,公共汽(电)车难以得到相应的道路空间资源分配,公共汽电车的运行速度难以得到有效提高。而为公共汽(电)车提供优先使用的公交专用道也未能保障公交车的优先使用,虽然中心城公交专用道建设已经超过161km,但是目前专用道高峰时段运行效率与目标有一定差距。相比轨道交通,公共汽(电)车运行的可靠性较差,虽然公共汽电车可以按照计划的发车间隔发车,但是由于受道路交通影响,车辆到达中途站的时间无法得到保证。

部分路段运能不足影响轨道舒适性。客流呈明显的潮汐性,部分线路高峰高断面运能不足,列车十分拥挤。由于高峰时段运能增长满足不了客流增长的需要,高峰时段大部分线路比较拥挤,如地铁1号线北段、地铁3号线北段、地铁6号线、地铁8号线南段、地铁9号线西段,极端高峰时段车厢内平均每平米站立超过10人。部分站台出现客流积压,为了安全,不得不采取限流措施。

信息化技术应用影响服务水平。一是轨道交通的信息化水平较高,已经建立了网络化的乘客信息系统,能够向乘客显示车辆预计到站时间、三色运营状态信息(用红、黄、绿显示轨道网络当前客流情况)等。轨道交通站点限流封闭等特殊事件信息也已经实现了在移动电视等媒体上的发布。但轨道交通的信息化建设中也存在一些遗留问题,最大的问题是轨道交通的运营调度系统故障频发,经常会出现由于信息化系统故障导致的车辆延误,在高峰时段造成运能大幅下降和客流堆滞。二是常规公交经过多年的发展,已经有了一定的基础,但仍然存在诸多制约公交服务水平的因素。目前常规公交大部分仍采用双边调度模式,近期难以实现集中调度,限制了公交调度的区域优化。调度水平不高,导致了线路间客流不均、车辆串车现象严重、大间隔时常发生等问题。目前公交车载智能终端存在性能良莠不齐、设备完好率低、车辆定位信息丢失等问题,公交调度系统没有对公交信息服务的数据提供能力,导致公交信息服务缺少信息源。在公交信号优先方面,目前仅仅进行了一些试点,但受管理体制和思想意识的制约,并没有广泛推广应用。三是轨道交通和常规地面公交网络是一个一体化的网络,但目前两个系统之间缺少有效的信息沟通渠道和机制,导致轨道交通和地面公交之间换乘信息无法及时共享并提供给相关乘客。四是在出租车方面,传统的扬招模式导致车辆的空车寻客,反过来也迫使乘客选择路边扬招的方式,进而形成恶性的循环。这不仅仅增加出租车驾驶员的劳动强度,同时也使得乘客不得不在恶劣的天气下到路边抢车。目前上海多家出租车公司已经有了电话和网上叫车服务,但是形式比较单一,特别是人工接线员的接线容量构成电话叫车的容量瓶颈。因此应该采取更加多样的信息化手段,方便乘客叫车,并通过强制管理手段,逐步减少路边扬招。

2015年,上海城市公共交通基本实现"5050"目标,即在中心城和郊区新城,公众结构选择除慢行交通外的公共交通出行比重由目前的35%提高到50%;在公共交通方式中,轨道交通客运量所占比重由目前的30%左右提高到50%。公共交通出行比重(指使用公共交通方式的出行次数占所有使用交通工具的出行次数的比例)和客运量结构目标:中心城公共交通出行比重达50%,中心城轨道交通客运量占公共交通客运量的比重达50%左右。

知识拓展

1. 申城交通拥堵时段

春节过后,随着企业陆续复工、中小学生返校,上海的城市交通再度进入"拥堵时段"了。在上海地铁运营中心的监控屏幕上,已不见畅通的绿色,黄色拥挤段又再次出现。2012年2月7日统计数据显示,随着通勤客流、春运返程客流的叠加,早高峰已达到140万人,逼近春节前150万人的客流水平。其中,2号线客流量排位第一,达到26.2万人;1号线客流突破22.3万人,6号线客流为6.2万人,8号线客流为3.3万人。同时,1号线、6号线部分区段在此期间不同程度出现黄色大客流。运营方预计,随着学生开学、元宵节后新一波返程客流叠加,上海地铁客流量还将有所上升,日客流超600万人次。同样遇到高峰的还有出租车预定。不少市民都反映,无论是扬招还是预订,都找不到出租车。强生出租电调中心有关负责人告诉记者,早高峰,一个小时的电话接入量就达到了四五万个,强生约有1.3万辆出租车,目前电调系统实现了全覆盖,也就说,即便所有车都用于电调,也只能满足30%左右的预订量。尤其是周一,若再遇到雨天,出租车扬招生意也很多,接电调的可能性更低。交通部门提醒市民,近期气温较低,又恰逢雨天,尽可能选择公共交通出行,乘坐地铁、公交的话,不妨提早10min出门,避开客流高峰。

2. 超大城市治堵要靠公共交通

国家"畅通工程"专家组副组长、同济大学交通运输工程学院教授杨晓光2010年12月接受专访时表示,限制机动车、控制车辆发展总量、提高停车成本只是救急措施,不是治堵之本。从纽约、东京等国际大城市解决拥堵问题的经验来看,应采取综合措施治理城市道路拥堵,例如推动公车改革、增加轨道交通、加长加密路网、增加公交运力、增建公交专用道、提高城市核心区车辆行驶成本等,这些对改善交通和环境更重要。解决超大城市的交通问题,根本环节是发展公交,"未来车轮上的幸福生活,要靠公共交通拉动,而不是靠小汽车牵引"。他认为,国内一些城市当务之急要推进城市功能布局、调整交通结构、提高公交运输能力,构建占道面积少、运量大、方便、快捷的新型公交运送模式。近年来,北京、上海两地借助奥运、世博等大型活动,在改善公共交通服务上做了很多工作,可与城市的快速发展相比,还显得相对滞后。以上海为例,现在公交车、地铁看上去已经很发达了,但只解决了人们3~5km以外的出行问题,许多上海市民乘坐地铁回家,发现离家还有1~2km的距离,于是人们宁愿选择其他方式出行。堵是一项长期工程,需要社会各方的努力。

3. 东京30年治堵启示录

2011年东京86%的市民乘轨道交通出行,上、下班不堵,节假日堵;市区停车费高得吓人,1万公务员只有10辆公车。1 300:523,这是东京人口和汽车保有量的对比数。每2~3人就拥有一辆汽车,人、车数都远超我国很多大城市。8:17,这是东京市区30年前推行"治堵"前后的平均行车时速对比。30年间城市急剧膨胀,交通却提速了一倍有余。交通堵塞似乎是现代社会难以避免的"城市病",日本全国每年因堵车要浪费掉38.1亿h。和全球正在跑步进入"拥堵时代"的新兴大都市相比,已在治堵之路上摸索了30年并被称为全球治堵最成功城市之一的东京,早已拥有一系列治堵的"绝招"。

在日本,影响房价的第一因素并非房子是否处于商业中心,而是看其与轨道交通站的距离。这个距离,精确到"徒步"需要的分钟数,记者在中野区的房地产中介橱窗看到,几乎每套房子的租售广告都以这个数字作为醒目的卖点,"徒步"到车站的时间差一分钟,房租房价差很多。

(1)"放"策:融民资建轨道,直至饱和

中野站是东京的地铁大站JR有轨电车贯通东西的两条中央线都经过这里,还有多条地铁通过。在东京,无论是路面还是地下,轨道交通都是公共交通系统的"老大"。其中,通称JR线的有轨电车在路面跑,是东京最重要的交通工具;与JR线互为补充的东京地铁,则深埋地下成网状延展,遍及东京的23区,并与市郊电车相连。东京的轨道交通系统建设已经基本完成,目前已能抵达东京的任何一个角落。20世纪80年代开始大规模修建的日本轨道交通,是今日东京交通系统最关键的基础。为了实现预期的修建规模,政府想了很多办法,通过发行债券向民间融资,并把轨道交通推向民营。目前在东京的轨道交通系统中,90%属于民营。目前,东京都内的主要地铁和轻轨线路总长320多千米;13条地铁路线,共设车站285个;JR东日本"中央线"和"山手线"绕城中心一周;这些主要线路之间,还穿插着15条私营地铁路线,合力形成了一个几乎涵盖整个东京的轨道交通网络。多达30多条的轨道交通线,在整个东京编织了一张无孔不入的轨道交通网,到达一个目的地往往要换乘数次。轨道如此密集,不仅外国人,就连一些东京人也会迷路。与轨道的密集程度相对的是换乘的极为便利,轨道交通站内指示牌随处可见，交叉站点的换乘步行时间平均不超过5min，有的更是简单地到站台对面换乘即可。据统计，目前在东京市民的交通出行总量中，使用轨道交通系统出行的占据86%，远远高于纽约的54%、巴黎的37%和伦敦的35%；小轿车出行占交通总量的11%，另外公交巴士、摩托车及其他各占1%。

(2)"治"策：不断开辟支线道路

"给力"的轨道交通系统分流了大量的"上班族"，因此东京有个怪现象：上下班高峰期反而不是路面堵车最严重的时候。东京每天的堵车高峰期是上午11时至下午6时之间，在这段时间，路上有比较多的出租车、私家车。周末和节假日，私家车高拥有量的"威力"得到了集中体现，堵车比平日严重许多。东京人无论贫富，上班族平日都习惯乘轨道交通出行，因为开私家车一点都不方便，停车也麻烦；但一到节假日，一家老小出游往往选择私家车。即使是在堵车最严重的高峰期，东京道路上的车也慢而不停，基本上不会堵死。从地面道路入手，是最主要的对策。尽管是国际大都市，但东京的道路普遍不宽，单向双车道已属"宽路"甚至是"主干道"；基本上没有立交桥和高耸的"环线"。因此，东京的道路上红绿灯的密度相当大。在道路上安装车辆感知器，在每一个有信号灯的地方设有电子看板，驾驶者能看到附近道路的车辆密集程度，从而判断是否改道。每观察到一条容易造成堵塞的道路，就马上想，是否可以在旁边找个地方，弄条支线。目前整个东京已经有330多条改造支线。实际上，改过的道路并不止这些，也有改过后没能实现岔路分流的，就又封回去了。30年来，东京在不停地扩建道路，这些不断被改造的道路，形成了东京交通系统发达的"毛细血管"。细节让人不得不慨叹日本人做事的细致，比如：货车在路旁卸货容易造成堵塞，政府就联系路旁的私人停车场，让他们出租场地以供卸货。

(3)"减"策：市府1万人，公车仅10辆

东京市区内的停车费用高得吓人，路边白框内的停车费一般一个小时300日元(相当于24元人民币)，而且限停一小时，超时就会被贴条，随之而来的将是一张1.5万日元的罚单。其他最为常见的自助式按时收费停车场，大致小时收费600~1500日元不等。假设停车费的均价是每小时800日元，如果一个东京市民每天自驾车上下班，按8小时工作制、每月工作20天计算，他一个月光停车费就得付12.8万日元，而东京市民的月收入也不过20万~30万日元左右。停车费太贵也带来了乱停车的现象。对此，东京都政府下了重拳：从2006年开始，警视厅聘用民间监督员治理乱停车，违章一次罚款1.5万日元。东京整治乱停车4年多以来成效显著，10条主干道的违章停车现象减少了81.5%，平均一小时的堵车距离缩短了40.5%，平均每5km的行车所需时间减少了10.8%。绝大部分公务员如果办公需要开车，一般是先坐地铁到单位，再去申请开车办事。公事办完后将车子开回单位，然后再乘地铁回家。

(4)放弃使用多个"限"招

治堵30年东京考虑过提高停车费、收汽油附加税、收环境税、限购等，但最后都一一放弃。没有一个办法是能完全解决问题的，治堵是大城市的永恒课题，走了30年，依然觉得路还很长。城市"治堵"之所以难，在于往往会牵一发而动全身，需要平衡因为治理而带来的综合压力。回顾30年的治堵之路，东京的成功经验主要在于"疏"而非"限"。东京没有对购买车辆作过限制，居民的汽车拥有量很高。从东京的治堵实践来看，"疏"的方法确实比"限"要好很多。与其不让市民买车，还不如提前提醒他路上有多堵，让他不要把车开上路。对于民众来说，"疏"比"限"更容易接受。比如提高停车费。但也存在问题，因为东京的停车场大多是民营的，他们是自主的市场主体，政府没有权利要求他们提价。宣传很重要，尽量让

民众成为参与治理的主人翁,调动民众的积极性,政府则着力提供相应的信息,从而影响他们的行为。从幼儿园开始就会向孩子灌输交通规则,提倡礼让。即使面对让人头疼的节假日堵车问题,也是提倡各个公司尽量错开休假时间。作为政府的观点是:尽量不要下命令,多作规划和提倡。经过多年的飞速发展,东京现在可以说已经密不透风了,城市也很难再扩大。30年来,更多的是在做改良的工作,尽量分散交通压力。把现有的商业区分散,多做几个商业区,从而降低交通压力,东京政府在朝这个方向努力。

思考与练习

如何有效地解决目前上海城市公共交通问题?

活动三　初探城市公共交通发展

相关知识

1. 上海城市公共交通未来的发展趋势

地铁线路进一步密集,以解除当前乘客数量巨大的压力,同时地铁将加强应急处置机制,包括疏散、反恐、消防、防爆、通风、应急照明等;公交车越来越讲究高效、节能、环保,逐步采用新能源车;通勤车在一定时期内有所发展,成为减缓交通拥堵、节约乘客时间、提高乘客感受的一种很好补充方式;从小区到地铁站、公交站将更加便捷,解除步行最后一公里的烦恼,有可能是便捷的自行车自助租赁和交还系统,或者电瓶摆渡车等;主城区逐渐开通地下隧道,供机动车行驶,采用类似于高速公路的管理方式。

城市道路的基础建设,将增强非机动车道及人行道建设,从设施上保证骑自行车或步行者的安全和便利性,甚至有可能在现有道路上完全隔离出自行车专用道,并在路口与机动车交叉处修建立交桥以避免碰撞事故,以大力鼓励绿色出行方式;高质量公路或城市拥堵路段等稀缺交通资源将向全面收费发展,无论经过高速公路还是城市拥堵区,都将为通行而付出费用,但高速公路费率会逐渐降低到合理水平,城市拥堵区则会越收越高,并受法律保护,从而控制拥堵程度。对于私家车,将会面对步步收费的方式,从小区停车场,到高速公路,再经过城市拥堵区域地面道路或地下隧道,到达工作单位、商务区、电脑城、写字楼、金融区、酒店、火车站、机场等停车场,每一步都需要付出停车费、通行费等成本,但均无须在收费关口停车即可自动完成缴费;交通基础设施将向综合体系发展,信息化逐渐完善,建设原则将逐渐回归到以人为本,以服务为宗旨,从被动应付发展为提早规划。

2. 以法国巴黎为例评析大城市公共交通

在巴黎市区,每500m内最少就有一个地下电车站,它们从每天清晨5:00到午夜24:30,几乎无止无休地提供服务,在有效时间及有效距离内,都可一票通用。巴黎人对他们的地铁系统是十分自豪的。经过一个世纪的发展,目前巴黎地铁无论从其覆盖的范围,管理的完善还是运行的效率来看都可以说是世界一流的水平。巴黎地铁每天的客流量超过600万人次。有一种说法:无论您站在巴黎市区的哪一个点,离您500m内肯定有个地铁站。这个说法可能并不严格成立,但从中也可以看到巴黎地铁网点的密集程度及庞大地下交通系统的发达程度。把地铁作为主要交通工具,是巴黎人的一种生活方式。当人们向您讲一个地理位置的时候,总是说:地铁某站。乘地铁没有交通阻塞之虑,没有找不到停车位之苦,快捷方便效率高。

初到巴黎看到地铁的标志有些是 M, 有些是 Metro, 有些又是 RER。其实, 巴黎的地铁分成两个系统:运行的范围在二环之内的, 叫作 Metro, 地铁站入口有的用一个 M 作标志, 有的用 Metro 作标志, 这个系统一共有 14 条线, 用数字表示, 也就是 M1 到 M14; 运行的范围超出二环的, 叫作 RER, 一共有 5 条线, 用字母表示, 就是 RER A, B, C, D 和 E。

地铁之后是公共汽车, 在巴黎乘坐公共汽车见不到拥挤不堪的景象, 更令人称绝的是汽车有如火车一样地排有时刻表, 在每个车站都张贴, 并可在总站免费索取。汽车严格按时刻表上表明的时间运行, 即使在交通繁忙时分, 正负也就 1~2min, 这样就减少了人们盲目等候的时间。公共汽车宽敞、舒适, 无人售票(与国内的还不太一样。国内一些汽车虽然也称无人售票, 但驾驶员实际上是监督员。而这里有月票的乘客可以上车主动向驾驶员出示, 没有票的则自行为车票打孔, 打孔设备放置于驾驶室后, 也就是说完全无人监视, 纯粹的"革命靠自觉")。驾驶员的任务就是按时准点地开好车, 没有检查乘客车票的义务, 查票工作是由专职的查票员来完成, 他们采取随时上车抽查的方式, 也难得一见。为提醒驾驶员在下一站停车, 车内安装了许多红色的小按键, 如果没有人按而下一站又无人上车, 驾驶员就不用在该站浪费时间了。由于法国公交事业已十分发达, 许多人上、下班宁愿使用公共交通, 为减少空气污染和减少交通堵塞, 政府也鼓励市民尽量使用公共交通出行。

公共汽车、出租车和胶片私家车构成了巴黎交通的主流。作为一个古城, 巴黎市内的路况也不是太好, 远古的住宅设计不可能考虑停车位, 大量的私家车只好泊于干道的两旁。即便如此, 巴黎仍是任何路口上都看不到交警的城市, 道路中央也没有手执指挥棒"指手画脚"者, 一切听从于自动明灭的红绿灯的指挥。上下班高峰时间, 虽然也车水马龙, 但绝对的井然有序, 从不会出现相互争执或抢道先行的现象, 即便在深夜无人无车的路口, 只要是红灯, 驾驶员都会停下来耐心地等待。

交通是与人民的日常生活休戚相关的, 从某种意义上说, 交通的发达就是国家的发达。地下、地面和空中全方位多角度的立体交通网构成了发达的巴黎现代化交通。

巴黎是世界上人口密度最大的城市之一, 交通拥堵严重, 巴黎交通部门日前推出了一份计划。在塞纳河沿岸的中心市区, 是巴黎交通最为繁忙的地段, 这里聚集着埃菲尔铁塔、巴黎圣母院、巴黎歌剧院等著名景点, 然而有将近一半的车辆仅仅是从这里穿过, 按计划, 以后这里的通行将受到限制, 除了当地居住的市民持通行证可以通过以外, 只有消防车、救护车、旅游车等特殊车辆可以穿过。在著名的雷阿尔商业中心, 在周日, 它的周围路段被定为无车区。这份计划预计, 通过这些措施, 巴黎中心市区的车流量将减少25%。除了这些措施以外, 巴黎还把"公交优先"写入中长期城市规划, 并将取消市区免费停车场, 鼓励人们出行采用公交车、地铁等交通工具。巴黎将六车道道路改为二车道加二公交专用道, 增加公交车数量, 用以提高公交车的运输能力, 同时还拓宽人行道和路边绿化带, 大幅增加自行车出租的数量, 甚至利用塞纳河开发水上非游览性的交通服务。同时, 市政府鼓励市民共同租用汽车出行。在交通多元化的引导下, 巴黎市政府目前正致力于延长地铁线路、扩建有轨电车、优化出租车管理并且鼓励使用自行车。

思考与练习

1. 如何正确理解现代城市公共交通发展的总趋势、全方位、多层次、多功能?
2. 国外一些城市的交通管理对我国城市公共交通的启示是什么?

课题二　城市公共交通的系统

活动一　熟悉城市公共交通系统组成

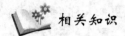相关知识

1. 城市交通的定义

城市交通是实现客流、物流、车流和部分信息载体的空间位移并到达一定目的地的基本手段,是整个城市生活从静态转入动态,完成城市生存发展所需的多种活动的主要保证,是重要的城市基础设施。

2. 城市公共交通的定义

在城市及其郊区范围内,为方便公众出行,用客运工具进行的旅客运输是城市交通的重要组成部分。城市公共交通对城市政治经济、文化教育、科学技术等方面的发展影响极大,也是城市建设的一个重要方面。

3. 城市公共交通的产生

城市公共交通是人类社会发展到一定阶段的产物,与城市产生、发展相伴随。

4. 城市交通系统与城市基础设施的区别

(1)城市交通不只是为城市服务,同时也是城市的一部分。

(2)交通是为人们各种活动服务的。

因此,城市交通部门面临为人们提供多类型交通方式,并由此影响城市的布局,交通与城市布局之间也是相互影响的。

5. 城市公共交通结构的特点

世界各国城市公共交通事业的发展进程,受本国经济和科学技术水平的影响,差异较大,而且由于城市所在的地理环境和政治经济地位不同,城市公共交通结构也各具特色。在城市公共交通结构中,一般主要包括公共汽车、无轨电车、有轨电车、快速有轨电车、地下铁道和出租汽车等客运营业系统。随着城市的发展,铁路市郊旅客运输也成为重要组成部分。此外,在一些有河湖流经的城市,公共交通系统中还包括有轮渡。在山区城市中,索道和缆车的运输也有所发展。

中小城市中一般以公共汽车、有轨电车、无轨电车等为主要客运工具,其特点是灵活机动,成本相对较低,一般是城市公共交通的主题。

快速大运量公交通系统包括地铁、轻轨、高速铁路,该系统可以快速运载大批量乘客,出现在我国一些特大城市,例如上海、北京、广州、武汉等。它运量大,速度快,可靠性高,并可促进城市土地开发及商业经济带的形成,但造价很高,一般作为城市公共交通的骨架。

辅助公共交通系统包括出租汽车、电动自行车,以满足乘客不同的出行要求,在城市公共交通中起着辅助和补充的作用。

特殊公共交通系统包括轮渡、缆车等,该类交通受到地理条件的约束,一般在特殊条件下使用。

在现代大城市中,快速有轨电车、地下铁道等系统逐渐发展成为城市交通的骨干。公共交通工具有载量大,运送效率高,能源消耗低,相对污染小和运输成本低等优点。在交通干线上这些优点尤其明显。在中国的一些城市中,有些机关团体的自备客车参与了本单位职

工上下班的接送运输,它在客观上已经成为城市公共交通中的一支辅助力量。

[案例] 中国香港公交创造的世界级经验

特区政府实施宏观管理,发挥市场调节及自由竞争的作用,放手让各公交机构按审慎的商业原则自主经营,公交机构、市民及公共财政的利益得以兼顾,使香港公交事业得以可持续地健康发展。香港优先发展以城市铁路(地铁、地面铁路、轻轨等)为重点的公共交通,为市民提供了安全可靠、畅通便捷的交通服务。现在香港九成的市民出行靠公交,全港每天有1 100万人次使用各种公交工具,以上海1/3的城市道路总里程,承担了与上海相同的城市交通总流量,并全面赢利,这是香港公交创造的世界级经验。

1. 公交优先化解"出行难"

香港地域狭小,山多、岛多、水多、人多。市中心香港岛面积不到$80km^2$,市区浓缩在山脚到海滨之间的狭长地带,街道狭窄,道路曲折,但常住人口达130万人,加上游客云集,每平方千米的平均人口密度及车辆承载量均居世界城市的前列。在不可能大规模改善道路也不可能限制人们出行的情况下,香港制定了正确的交通发展战略,优先发展城市铁路等占地少、载客量大的公共交通,对私人汽车、公务车进行一定程度的限制,使香港交通十分通畅。建立完善的公共交通体系。香港公交种类繁多、功能互补,收费合理,市民可视需要选择城市铁路、巴士、小巴、电车、出租车、渡轮等公交工具。城市铁路是香港公交的骨干,日载客量占市内公交载客总量的30%、前往内地旅客总量的70%。专营巴士是香港公交的主体,占全港每日公交载客总量的37%。香港目前有5家巴士公司,拥有500多辆巴士,运营线路近600条,日载容量超过400万人次。非专营巴士等提供辅助服务。全港有近7 000辆非专营巴士,主要为游客、社区居民、公司雇员、学生等提供服务。全港有4 000多辆公共小巴,还有近2 000辆只提供团体服务的私人小巴。

香港城市道路设计及交通管理尽可能为公交畅通服务,为巴士、出租车等公交工具制定充足的上、下车站,严格限定非公交车辆停车占道。在城市铁路车站附近多建大型停车场,鼓励市民转乘火车去市区,在市区尽量少设停车场,使有限的道路尽可能供车辆行驶。公交工具以发展城市铁路为重点。城市铁路具有占地少、环保、快捷、准时、载客量大等优点,香港特区政府一直把发展城市铁路作为公交体系建设的重点。香港现在由九广铁路公司和地下铁路公司管理铁路。九广铁路公司铁路全长共110km,日载客量150万人次。地铁公司拥有港岛线等7条编织成网的地铁线路,全长91km,高峰时日载客量达240万人次,被公认为世界上最繁忙、最高效的地铁系统之一。香港地铁线路见图1-32。

2002年以来,香港每年都至少有1条铁路建成通车,按照特区政府的远景规划,2008~2016年,香港将建设6条新的铁路。由于重点发展铁路,特区政府对其他公交工具的发展给予适当限制。香港自1976年起限制公共小巴总数为4 350辆,最近特区政府决定将这一限制延长至2011年6月。香港的专营巴士已从6 000多辆减为5 000多辆,政府要求巴士公司以后每年还要减少5%的巴士班次。政府对出租车实行总量控制,从1997年起没有再拍卖发放新的出租车运营牌照。

使用经济手段限制私家车,严格控制公务车。香港特区政府采取多种经济手段,包括征收高额首期登记税、收取牌照费、征收燃油税、抬高停车费等,这些手段使用车变得十分昂贵,把香港私家车的年增长速度有效控制在2%左右。据统计,香港目前平均1 000人拥有私家车50辆,远低于北京的平均1 000人拥有私家车90辆。

香港严格控制公务车。在出入口设计、道路使用、交通管理等各方面,特区政府不给公务车任何特权,最大限度减少公务车对城市交通的负面影响。

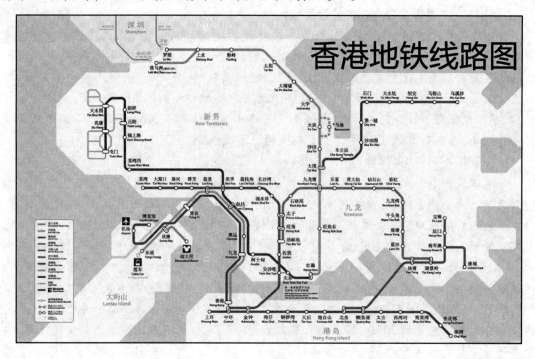

图 1-32 香港地铁线路图

2. 成功的公交经营管理模式

全世界的公交服务机构大都是亏损的,但香港公交系统不仅为市民提供了畅通便捷的服务,而且实现盈利,这主要因为特区政府建立了一套可行的交通管理体制,各公交机构找到了有效盈利模式。香港的公交服务全部由私营或公营机构经营,政府不直接介入,也不提供补贴等直接资助。特区政府实施宏观管理,发挥市场调节及自由竞争的作用,放手让各公交机构按审慎的商业原则自主经营,公交机构、市民及公共财政的利益得以兼顾,也使香港公交事业得以可持续健康发展。政府主要履行宏观管理职能。政府最重要的宏观管理是对公交工具实行总量控制与价格监管。政府通过对巴士运营线路、渡轮航线实施经营专利权许可,对公共小巴、出租车牌照实行定额拍卖发放,有效控制各类公交工具发展总量。政府统一确定出租车等运营价格,审批巴士公司调价方案,通过官股代表对拥有自主定价权的地铁、九铁公司的定价决策实施实质影响,确保各类公交工具收费合理,保障市民根本利益。政府对各公交机构实施有效监管。九铁公司是政府全资拥有,地铁公司政府股份占 77%,两个公司的董事局及管理高层的人事都由政府主导。巴士公司等私人公司的董事局里按规定至少必须有政府部门的两个代表,政府代表每月参加董事局会议,随时掌握公司的财政状况和经营状况,并对公司的重大决策提出政府的意见。如果各公司运转正常,政府不会主动干预其经营行为,如果有公司运转失灵影响到公众的利益,政府会出手干预,甚至使之淘汰出局。政府对各方利益进行协调。政府成立了高层次的咨询机构交通咨询委员会,成立了优质巴士服务督导委员会、优质的士服务督导委员会等民间机构,各公交机构内部自发成立为数众多的商会和工会,政府充分利用这些平台,听取专家、学者、经营者及雇员、消费者等各方面的诉求,协调各方利益,维护各方合法权益。政府还推动各项有关公交的立法,政府出台任何公交政策,首先会争取在立法会立法以取得法律依据,做到依法行政和严格执法。充分发挥市场调节作用。市场调节的一大作用是让社会资金能自由进入公交领域投资,使公交发展始终有充足的资金保障,政府既不用掏钱投资公交,也不用背上给公交补贴等财政包袱。

香港1979年成立地铁公司,政府一次注入321.9亿港元。2000年地铁公司实行"官有民营"体制,在香港联合交易所上市,政府占77%的股份,其余23%的股份由私人股东拥有。据统计,香港地铁近年不断发展,政府投入只占1/3,2/3的资金来自社会融资。

香港的巴士、小巴、电车都由私人公司运营。出租车80%归市民个人拥有,出租车牌照一经政府拍卖即进入市场自由买卖。价格也自由浮动,任何个人或公司只要买到牌照即可自由进入该行业,金融机构同时提供按揭,这种体制使出租车行业的发展资金全部来自社会。市场调节的另一个重要作用是保持各种公交服务之间、每种公交服务内部的自由竞争,防止垄断产生暴利及损害消费者和业者的利益。比如地铁与地面交通就存在竞争,将军澳地铁支线通车后,营运与地铁走向重叠线路的巴士公司就立即减价争客。各公交机构按审慎的商业原则自主经营。香港无论私营还是公营公交机构,都实现了全面盈利,这在世界各地是绝无仅有的。香港最大的巴士公司——九龙巴士公司年盈利超过7亿港元。九广铁路公司2005年经营总收入53.83亿港元,实现纯利3.17亿港元。

3. 公交智能化以人为本

香港优先发展公共交通,根本目的是服务市民、造福市民。特区政府把行人的出行环境作为重点工程来解决,大量建设天桥、地道、空中走廊。港岛核心区域从湾仔到中环,形成了长达数公里的空中走廊,将许多政府部门、高级酒店、写字楼和大型商业中心连接成网,行人可自由通行,香港的一些过街天桥有专为残疾人服务的升降梯,盲人和坐轮椅的残疾人只要按电铃,就有专人为他们服务。以高水平的硬件设施为乘客提供舒适的服务。香港巴士不断更新换代,95%的巴士是空调巴士,最新款的双层大客车价值近300万港元,设备、性能皆为一流,车上安装了电铃系统,任何乘客都可就近按电铃,示意驾驶员在前方车站停车。

例如为视觉受损人士设置的专门设备:地铁各车站均设有失明人士引导径;完成改装障碍物,让盲人杖使用者能更易察觉障碍物的位置;地铁各车站装设发声器,协助站台乘客确定扶手电梯的位置;触觉车站布置图投入服务;所有车站连接失明人士引导的出站闸机安装发声器;所有车站的"八达通"增值机均装上凸字板。为听觉受损人士设置的专门设备:地铁公用收费电话以及客服中心均已装设感应环回系统,方便助听器使用者使用;客服中心均备有咨询卡,方便职员与乘客沟通;所有地下车站入口均已装设乘客信息显示系统,一旦发生事故时,能及时为乘客提供最新信息;机场快线及东涌列车装设动感行车图,用以显示列车的位置及行驶方向。为行动不便人士设置的设备:列车的每个车内设有轮椅泊位;各车站大堂均设有双向闸机,让轮椅使用者及携带婴儿车推车的乘客,在毋须职员协助的情况下也可出入闸;地铁系统的出入口设施,垂直升降扶梯。

香港的地铁、火车车体宽敞,环境整洁,扶杆和拉手多,同时使用广东话、普通话和英语进行广播。地铁车站宽大明亮,站台与轨道间全部设有屏蔽门,非常安全。7条地铁线相互之间的换乘站多,如荃湾线与观塘线在油麻地、旺角和太子三个相邻的车站都可转换。香港对地铁出口的建设下了大力气,往往一个站有众多出口。经常经过的铜锣湾地铁站,地处香港人流最集中的商业区,从A到F有6个大的出口,巨大的人流迅速分散,通过很长的地道直达目的地,使车站从来不会拥挤,也减轻了地面街道的压力。

推行电子化、智能化,提供公交资讯服务和自动缴费服务。为了方便乘客选择最合适的交通工具和路线出行,运输部门不断采用新兴科技手段提供可靠和全面的运输资讯,市民可以从互联网上收看交通信息直播,包括主要道路的封路安排以及闭路电视拍摄到的主要道路的即时交通情况。

香港的绝大多数桥梁和隧道也是收费的,运输部门装设自动收费系统,通过扫描车牌收费,驾车人士无须停车缴费,减少了人为造成的拥堵。

思考与练习

请从香港公交经营管理经验中找出值得其他大城市借鉴的具体做法。

活动二　掌握城市公共交通运营类型

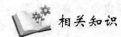相关知识

根据运送对象的不同,城市交通可分为客运交通和货运交通。整个城市客运交通系统可分为公共交通和个体交通两大类。

1. 公共交通系统

城市公共交通系统可分为两个子系统:一是公共交通运输工具和设施;二是公共交通规划与运营管理。本活动讨论的是公共交通运输工具和设施。

公共交通运输工具和设施子系统主要由四部分组成:

(1)常规公共交通方式。包括公共汽车、公共电车以及老式的有轨电车。

(2)快速轨道交通方式。包括轻轨交通、地下铁道、单轨跨座式或悬挂式交通系统。

(3)市郊铁路。即利用铁路干线开通市郊铁路列车。法国巴黎还建立了一个单独的市郊铁路网,并与市中心的地下铁道以及铁路干线联成一体。

(4)公共交通场站。如公共电汽车的首末站、中途站、保养场,地下铁路车站和调车场等。

①按承担的客运量大小,可分为大运量、中运量、小运量交通。

大运量交通:小时单向运能3万~7万人次的,如地铁和市郊铁路。

中运量交通:小时单向运能1.5万~3万人次的,如路权专用轻轨。

小运量交通:小时单向运能0.5万~1.5万人次的,如路权共用轻轨。

②按占用空间的不同,可分为地面、地下、高架道路交通。

地面道路交通方式包括常规公共汽车、无轨电车、有轨电车、出租车。

非地面道路交通方式包括地下铁路、城市快速铁路、轻轨交通、独轨交通、索道、缆车、轮渡和航空等。

2. 个体交通方式

(1)步行。一直是人们出行的必要方式。

(2)自行车。是以人力驱动的两轮交通工具。多数人认为,自车使用方便、成本低,出行时间和地点可灵活掌握,而且是一种很好的锻炼身体的方式。

(3)电动自行车、助动车。这种交通工具区别于自行车又不同于机动车,与自行车相比,这类交通工具速度快,有效活动范围增大;与机动车相比,这类交通工具占用道路面积和停车场面积小,使用灵活,购买价格低,使用燃料少,使用成本低,驾驶技术容易掌握。由于其兼有自行车和机动车的优点,不可避免具有它们的缺点。

(4)机动车。这里主要讨论的是私人四轮小汽车。

从城市整体效益看,公共交通系统是一种耗费少、效能高的交通方式。公共交通方式人均耗油省,人均占用土地少。地面交通中客运方式人均占用道路情况比较如表1-9所示。

客运方式人均占用道路面积比较　　　　　表1-9

客运方式	公共交通	私人四轮小汽车	自行车
占用道路面积(动态)(m²)	1~2	10~20	6~10
占用停车场面积(静态)(m²)	1.5~2	4~6	1.5

知识拓展

(1)在日本实施《自行车法》,鼓励地方政府提供自行车道路,在靠近铁路客站的地方设有停车设施;但同时自行车实际占有比公共交通更多的空间,浪费空间是自行车最根本的缺点。另外,与城市机动车互相干扰(混行干扰),影响道路的交通能力,运行速度大幅下降,城市交通拥挤,城市环境恶化等。以日本为例,14%的民众把自行车当成主要代步工具;在爱好自行车的荷兰,民众自行车使用率更高达27%。

(2)韩国推自行车"国家计划"骑自行车上班获补助。2008年经济危机以来,韩国政府转变思路,开始着眼于"减少废气、节省能源"的"低碳绿色增长战略"。其中的一大举措,就是推广自行车。用韩国前任总统李明博的话说,"自行车是绿色增长的好伴侣"。2010年3月9日,韩国行政安全部推出了"2010年自行车促进计划"。根据这项计划,韩国政府希望在2017年以前,使自行车占公共交通方式的比率由目前的不到2%提升到15%。这些政策中,最为引人注目的是,在几个试点城市,政府将对那些骑自行车上下班的人给予物质奖励。比如,在两个试点城市,每月骑自行车上班超过15天的人可以获得3万韩元(约合人民币185元)以上的补贴。将小小的自行车上升为"国家计划",韩国政府的首要目的是"治堵"。该国行政安全部有关负责人说,推广骑自行车出行是解决日益严重的环境污染和交通堵塞问题的有效手段。政府将通过多种措施,使自行车在公共交通中占有"一席之地",从而缓解5%的道路交通拥堵。为保证自行车在城市内"畅通无阻",在未来的十年内,韩政府将投资13.7亿美元在各个城市建设自行车道,力争把韩国的自行车道里程数增加到3 000km以上。而2010年优先建成178km的城市生活型专用自行车道。为保证自行车便利存放,韩国政府还规划了相关的配套设施的建设。如从2010年下半年开始,韩国大部分公共场所,如购物中心、步行街、高尔夫球场、运动场和宗教场所等,都将建立起自行车停车区。

思考与练习

在地面交通中,城市公共交通人均占用道路面积与小汽车、自行车比较结果是什么?

课题三　城市公共交通客流特征

活动一　客流的时间分布特征及图例分析

一、城市公共交通客流

1.城市地面公共交通客流

城市地面公共交通客流是指城市居民中为了一定的出行目的,需要乘坐公共交通车辆

图1-33 城市地面公共交通客流

以实现其位移（空间位置移动）需求的乘客群，如图1-33所示。

2. 城市公共交通客流量

城市公共交通客流量是从总的方面反映城市居民需要乘坐公共交通车辆的数量程度。客流量的大小取决于城市规模大小、人口密度、经济水平、城市功能布局、公共线路网布设的合理程度、票价、服务质量等，如图1-34和图1-35所示。

图1-34 城市公共交通客流量（一）

图1-35 城市公共交通客流量（二）

3. 客流的四要素

客流的四要素包括：流量、流向、流时、流程。

流量——乘客流动的数量。

流向——乘客流动的方向。

流时——乘客流动的时间。

流程——乘客流动的路程。

二、城市公共交通客流的特征

1. 按出行目的分类

（1）工作性客流：主要由上下班客流和学生上下学客流构成。

特点：运量大、规律性强、乘车时间相对集中、乘车高峰时间短，客流较稳定，是客流高峰时的主要来源，是全日客流量的主要部分。

（2）生活性客流：由购物、就医、参加文娱、体育活动、探亲访友客流构成。

特点：运量小，节假日运量大，平日客流相对较小，受气候变化和季节变化影响较大，客流不稳定。

2. 按分布区域分类

（1）市区客流：特点是流量大，时间性强，起伏变化幅度大，高峰时间显著，乘车距离短，交替系数大。

（2）郊区客流：特点是流量小，乘车距离长，交替系数小，早晚方向差异大，节假日乘车人数多，受影响因素较多，如农事忙闲、气候变化、季节变化等。

由于城市公共交通客流构成的因素较多，具体反映在公共交通线路网上、方向上、断面上的客流动态特点是不同的。从事运营调度工作的人员必须掌握这些特点，以便做好工作。

三、城市公共交通客流的时间特性分析

对客流分布特征与动态变化进行系统分析、掌握客流现状与变化规律,有助于经济合理进行运力安排与设备配置,对做好日常运营组织与管理工作有重要意义。客流在时间上的特性可以概括为"集中不平衡,多变有规律"。一般表现为波动性、周期性、趋势性。

城市公共交通客流动态在时间上的特性归纳如下:

1. 同一天内各小时客流变化的不平衡

根据客流在一昼夜不同时间内的分布,可划分为双峰型、三峰型、四峰型和平峰型,见图1-36～图1-39。在一昼夜有两个明显的高峰,一个发生在上午时间(7:00～9:00),称为早高峰,另一个发生在下午时间(17:00～19:00),称为晚高峰,这种类型最为典型,有一定代表性;比双峰型多一个高峰,即三高峰出现在中午时间(12:00～14:00)称为午高峰,或出现在晚上时间(20:00～22:00)称为小夜高峰;比双峰型多两个高峰,午高峰和小夜高峰,客流量均低于早晚高峰客流量;平峰型的客流动态在时间上分布没有明显的高峰。

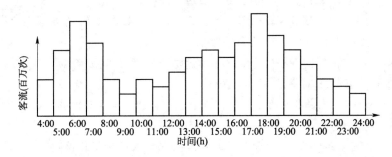

图 1-36 双峰型示意图

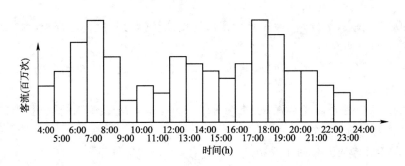

图 1-37 三峰型示意图

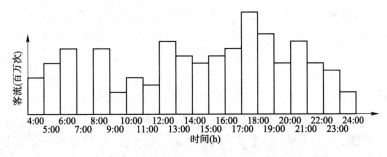

图 1-38 四峰型示意图

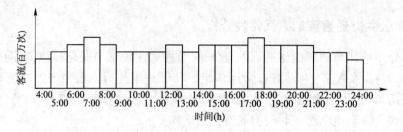

图 1-39 平峰型示意图

[案例分析]

徐家汇商业圈(漕溪北路、虹桥路、华山路、肇嘉浜路 4 条主干道在徐家汇中心交汇成一个巨大的"十"字,商圈正是中心点)一天内各小时客流变化。

正常情况下,城市道路的交通高峰是早晚各一次,而上海徐家汇商圈地区的交通高峰则达一天 9 次。9 次交通高峰:

(1)7:00 到 8:00:送学高峰。徐家汇地区有很多等知名学校,早 7:00 商圈进入早高峰,"送学"车流进入徐家汇地区,这波高峰要持续到 8:00。

(2)9:00 到 10:00:商圈上班高峰。徐家汇商圈 10 层以上的商务楼共 27 座,9:00 到 10:00,是商圈地区职工和白领上班的高峰时段。

(3)15:00:江浙客扫货高峰。每天会有大批江浙客来徐家汇购物。江浙客一般是下午 3:00 左右集中进入徐家汇商圈。

(4)15:50:放学高峰。学校的放学时间多在下午 3:00 至 4:00,前来接孩子的车流此时开始进入商圈,晚高峰开始。

(5)17:30:机关下班高峰。17:30,商圈内各机关单位开始下班,徐家汇开始了一天中最为繁忙的时刻。

(6)18:30:商务楼下班高峰。18:00,白领们陆续下班。

(7)19:00:就餐购物高峰。此时是徐家汇商圈最繁忙的时段,从四面八方赶来的车流蜂拥而至,交通压力瞬间激增。

(8)21:30:商铺下班高峰。用餐、购物后的人们踏上归途。下班的商铺员工也加入了这一波出商圈的交通高峰。

(9)22:30:夜间送货高峰。深夜,大货车、小货车排队进入商圈地区送货,又是一轮小高峰。

2. 一周内各日客流变化的不平衡

在一周 7 天时间里,由于受工作日和双休日的影响,每天客流量是不相等的。其特点是市区线路每周一早高峰,周五晚高峰客流量最大;双休日的郊区线路客流量较高,市区线路因企事业单位、学校等休假集中,而且数量大,上下班客流(即工作性客流)大幅下降,探亲购物等客流(即生活性客流)在双休日则大量增加。与工作日的早、晚高峰出现时间相比,双休日的早高峰出现时间往往推迟,而晚高峰出现时间又往往提前。需要特别注意的是,周一与节假日后的早高峰客流和周五与节假日前的晚高峰客流,会比其他工作日早、晚高峰客流量要大。

3. 一年内各月份客流变化的不平衡(季节性或短期性客流变化)

一年中每月的客流量是有差距、起伏变化的。一般情况下,与季节气候有关,如梅雨季节、学生复习迎考的 5~6 月客流量通常为全年低谷,另外,由于夏季气温较高加上学生放暑假,市区线路的客流量普遍下降;冬季气候寒冷,市民改乘公共车车辆出行量增大,客流量往往较高。城市公共交通某线路两年的月客流量变化如图 1-40 所示。

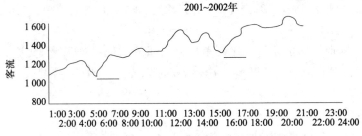

图 1-40 城市公共交通某线路两年的月客流量

1. 为什么周一与节假日后的早高峰客流和周五与节假日前的晚高峰客流,会比其他工作日早、晚高峰客流量要大?
2. 上海徐家汇商圈地区的交通高峰达一天达 9 次,试分析原因并讨论处置措施。

活动二 客流的空间分布特征及图例分析

相关知识

一、客流在空间上的特性分析

1. 线路网上的客流动态

线路网上的客流动态是指全市性的平面图上的客流动态,一般城市中心区的客流量总是最集中、最稠密的,边缘地区则相对稀疏,即由中心区的集散点逐渐向外围延伸,如图 1-41 所示。线路网一般有:放射型、放射环型、棋盘型、不定型 4 种类型,见图 1-42。根据线路网上的客流动态变化,调整运营车辆的选型、配备车辆数、修改行车时刻表。

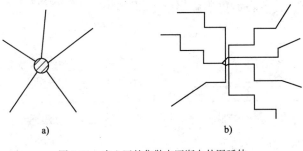

图 1-41 中心区的集散点逐渐向外围延伸

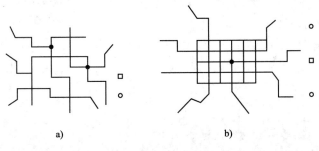

图 1-42 线路网的类型

31

图1-42a)同样具有单中心放射型线网的优点和缺点,主要使用于中小规模城市,特别是有老城和新城两个中心的城市形态;中心成为公交换乘枢纽,并且在多个中心之间形成公交客运走廊。

图1-42b)可以根据城市布局和路网条件灵活布置,并且容易组织交通。在未建成轨道交通的一般大中型城市,公交线网多采用这种方式:中心区为棋盘型线网,外围是放射型线网。

2. 方向上的客流动态

一般线路都有上下行两个方向,两个方向的客流量在同一时间是不相等的,如有的线路上下行的客流量几乎相等,有的线路上下行的客流量则差异很大。客流动态类型分为两种:双向型、单向型。市区线路属于双向型的较多,在车辆调度上较容易,车辆的利用率较高(图1-43)。通向郊区或工业园区的线路属于单向型的较多,在车辆调度上较复杂,车辆的利用率较双向型的线路低(图1-44)。研究方向上的客流动态可确定相应调度措施、合理组织车辆运行提供依据。

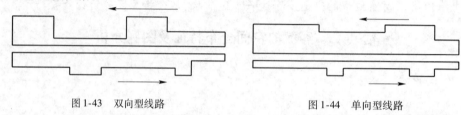

图1-43 双向型线路　　　　　　　图1-44 单向型线路

3. 断面上的客流动态

由于线路上各停车站的上下人数是不相等的,车辆经过各断面时的通过量也不相等。客流在线路各断面上动态分布归纳起来有:凸型、凹型、平型、斜型、不规则型,见图1-45~图1-48。线路断面通过量以中间几个断面数值为最高,呈凸出形状;线路中间几个断面通过量低于两端断面的通过量,通过量分布呈凹型;线路各断面通过量接近,几乎在一个水平;线路断面通过量由大至小逐渐递减,呈现梯型分布,整体呈斜型。分析断面上的客流动态可经济合理编制行车时刻表及选择调度措施提供重要依据。

图1-45 线路各断面客流呈现凸型　　　　图1-46 线路各断面客流呈现凹型

图1-47 线路各断面客流呈现平型　　　　图1-48 线路各断面客流呈现斜型

客流在空间上的特性归纳如下:
(1)各条线路客流的不均衡。
(2)方向上客流的不均衡。
(3)断面上客流的不均衡。

整个城市公共交通客流分布也可以概括为点多、面广、流动、重叠、相关。

思考与练习

1. 为什么要分析线路网上的客流动态?
2. 分析方向上的客流动态、断面上的客流动态的目的是什么?

3. 客流分布图形与分类对应连线练习。

课题四　城市公共交通客流调查

活动一　熟悉客流调查种类

相关知识

客流调查是一种经常性的细致工作。经常使用的方法有：目测客流调查法、问询客流调查法、填表客流调查法等。上述方法均是采用调查人员直接参与的人工调查方法。目前，有企业正在研究开发智能化系统的客流调查功能，今后可以运用科学技术手段进行客流调查研究，省人、省物、省钱，可以确保调查资料的及时性与准确性。

除了直接从调查中获取资料外，企业中常用的各种运营报表所反映的统计数字，也是反映客流周期性升降波动的重要资料。

开展客流调查目的是掌握客流动态，进行预测，科学合理组织，满足出行需要。

1. 随车目测客流调查法

在线路运行的每一辆车中安排专人记录每个车站上下的乘客数量以及车站留站乘客人数多少的一种全面调查。可以在全市范围内进行，也可以选择部分或一条线路进行；可以组织全天营业时间进行，也可以在某一段营业时间内进行。

2. 驻站目测客流调查法

在中途重点站（一个站或多个站）或客流量较大的高峰断面上设置调查员，在规定的时间里，以目测的方法记录车站上下的乘客数量、车厢内人数、留站人数和通过车次的一种断面调查法，主要是了解客流量随时间变化与配车是否合理，定线、定站、定时、定期进行的调查。

3. 问询客流调查法

指派调查人员通过问询的方式，记录每一个乘客上下车地点的一种方法。可以分为随车问询和驻站问询两种形式。

4. 填表调查法

选择调查法应注意尽可能以最少的代价（如人力、物力、财力等），取得足够的准确的调查资料，尽可能以最简便的方法，得到被调查者的配合，保证所需资料的及时性与可靠性。

活动二　客流调查统计指标分析

相关知识

客流调查后，对客流调查资料应认真汇总整理，列成表格或汇成图表，计算各项，并将它们与预测数据或历年调查数据进行比较，分析数据增减的比例及原因。城市公共交通驻站目测客流调查后应计算的主要指标如下：

一、客运量（A）

客运量是指一定时间内需要乘坐公共交通车辆的乘客数。可分解为：集结量、运载量、

疏散量、待运量4个动态指标。

(1)集结量(A_1),是指一定时间内,某地段(某站点)需要乘车的乘客数。

(2)运载量(A_2),是指一定时间内,某地段(某站点)已经上车的乘客数。

(3)疏散量(A_3),是指一定时间内,经运载后在某地段(某站点)下车的乘客数。

(4)待运量(A_4),是指一定时间内,某地段(某站点)未能乘上车的乘客数。

$$客运量(A) = \sum 集结量(A_1)$$

即一定时间内的客运量等于各站的集结量之总和。

$$集结量(A_1) = \sum [运载量(A_2) + 待运量(A_4)]$$

即某站一定时间内的集结量等于该站的运载量与待运量之和。

二、通过量

通过量是指一定时间内车辆经过某地段(某站点)时,车厢内的载客人数。

(1)一定时间内,线路某断面的通过量计算:

$$R_i = R_{i-1} - 疏散量(A_3) + 运载量(A_2)$$

即某断面的通过量等于它前一个断面的通过量减去本站的下车人数,再加上本站的上车人数。

(2)一定时间内,线路总的通过量等于该线路所有各断面的通过量之总和。线路通过量计算如下:

$$R = \sum R_i$$

三、乘客周转量(AL)

乘客周转量是指一定时间内,全部乘客的乘车总里程。计量单位为"人公里"。

计算公式:

$$乘客周转量(AL) = \sum 某断面的通过量(R_i) \times 断面长度(d_i)$$

或:

$$乘客周转量 = 断面的通过量 \times 站距$$

四、平均运距(L)

平均运距是指一定时间内,平均每一位乘客一次乘车的乘行距离。

$$平均运距(L) = \frac{乘客周转量(AL)}{客运量(A)}$$

五、交替系数(δ)

交替系数是指一定时间内,运行车辆由起点站至终点站的一个单程行程中,每一个客位平均被乘客乘用的次数。

$$交替系数(\delta) = \frac{线路长度}{平均运距(L)}$$

交替系数的大小,反映了线路乘客上下车交替的频繁程度。

注意:线路乘客的平均运距(L)等于线路长度,即所有乘客全是由起点站至终点站,全程没有交替。

六、车厢平均满载程度

车厢平均满载程度是指一定时间内,线路营运车辆通过某断面时车厢载客的平均满载率。

$$满载率 = \frac{通过量}{车容量} \times 100\%$$

七、行车准点率

行车准点率是指一定时间内,线路营运车辆按计划时间运行的准点程度。

$$行车准点率 = \frac{准点运行车次数}{全部运行车次数} \times 100\%$$

八、行车大间隔(日)发生率

行车大间隔(日)发生率是指在全日营运时间内,线路出现行车大间隔情况的发生程度。

行车大间隔(日)发生率 = 全日发生行车大间隔次数 ÷ 全日运行车次数 × 100%

行车大间隔是指:
(1)市区中心城区:>15min;
(2)内外环之间:>25min;
(3)郊区、县境内(包括市通郊线路):>40min;
(4)郊区县际线路:>60min。

路线行车大间隔(日)发生率应 ≤ 3%。

相关企业公交路线营运技术标准(路线营运质量要求)如表1-10~表1-14所示。

车厢满载定额　　　　　　　　　　　　　　　　表1-10

路　　线		车厢平均满载程度(%)	
		有人售票路线	无人售票路线
市区路线	高峰小时高单向高断面 ≤	80	70
	非高峰小时高单向高断面 ≤	65	60
郊区路线	高峰时段 ≤	80	
	非高峰时段 ≤	60	

班次间隔(min)　　　　　　　　　　　　　　　表1-11

分类	路线性质	营运间隔	
		高峰时段	其他时段
一	起讫站均在内环线内的路线 ≤	8	15
二	起讫站均在外环线内的号码路线 ≤	8	20
	起讫站跨越外环线且线路2/3在外环线内行驶的路线 ≤		
三	高峰线 ≤	8	
	号码夜宵线 ≤	40	
	文字夜宵线 ≤	60	
四	郊区跨区线路 ≤	40	
	除上述以外的其他公交路线 ≤	25	

乘客候车时间　　　　　　　　　　　　　　　　　　表1-12

时　段	要　求
早晚高峰时段	乘客候车做到留一不留二(二车净)
其他时段	乘客候车做到车过客净(一车净)

正点行车　　　　　　　　　　　　　　　　　　　　表1-13

路　线	要　求	准时标准	目　标　值
常规路线	正点运行、均衡运行,要求做到中途准、到达准	快1、慢3	≥90%
夜宵路线	严格按计划时刻运转,途径各站点时刻必须准时	快0、慢1	≥98%

路线营运时间　　　　　　　　　　　　　　　　　　表1-14

路　线	时　间		备　注
起讫站均在外环线内的号码路线	首班车不晚于5:30,末班车不早于22:30		
起讫站均在外环线内的文字路线	首班车不晚于6:00,末班车不早于21:00		
起讫站跨越外环线的市通郊公交线	首班车不晚于6:00,末班车不早于21:00		
起讫站均在外环线外的跨郊区区县路线	首班车不晚于6:00,末班车不早于19:00		
高峰路线	上午　首班车6:00　末班车8:00	下午　首班车16:00　末班车18:00	
夜宵路线	首班车23:00,末班车次日5:00		

注:首末班车时间可根据客流变化作适当调整,但须提出申请,由交管部门审核批准后,方可执行。

知识拓展

1. 2011年上海客流大调查

申城的公共交通出行比重、出行时间、出行成本以及乘客满意度等究竟是多少？从2011年10月25日起至2012年3月止,上海市组织一项大规模的2011年度公交客流调查。通过公交客流调查,全面客观地反映上海市公共交通的总体状况、服务水平和供应水平,及时准确地了解和掌握公共交通出行基本特征、客流需求及变化状况,为进一步贯彻落实优先发展公共交通战略,规划编制新一轮公共交通规划做准备。

此次大规模调查的主要内容共分四个部分。

(1)公交出行调查:包括公共交通出行比重调查(包括公共交通占使用交通工具的出行比重、公共交通占机动出行比重、公共交通占通勤出行比重等)、公共交通出行时间、出行成本、乘客满意度调查等内容。

(2)客流特征调查:即公交出行的客流分布及其特征情况调查,包括全市公交线路的分时客流分布情况(主要采用交通卡数据调查)、重点区域、重点线路、重点时段的客流特征等。

(3)公交设施及运行情况调查:包括公交专用道、轨道交通基础设施、地面公交线路等基本信息资料收集,公交枢纽规模、运营设施配套等基本情况调查和对公交设施运行时间、运行效率、客流密度等情况的调查和分析,公交专用道车行速度调查以及利用统计和现有管理资料对公交车辆运行效率、运营速度等情况分析所需的动态信息情况调查等内容。

(4)公交枢纽客流集散情况调查:重点调查中心城具有重要影响的公交枢纽客流集散情

况、换乘情况、枢纽服务水平等服务供应情况。

此次公交客流调查以中心城区为重点，远郊区县以资料收集为主。各项调查内容将重点涉及大型居住社区、轨道交通换乘枢纽、公交客流主通道、综合客运枢纽、公交专用道等关系市民出行便捷和对城市交通具有重要影响方面的内容。调查将以对公共汽电车、轨道交通等行业数据采集为主要方面，适当延伸对出租汽车、城市轮渡行业的数据采集。

2. 2012年度上海城市公共交通客流调查

2012年公交客流调查，调查显示，本市500m半径公交站覆盖率100%。2013年，上海将持续推进公交"优先发展"战略，努力实现"十二五"期末"两个50%"目标。调查显示，2012年本市轨道交通新增9座车站，运营车站达289座，换乘车站37座，轨道交通平均站距1.6km，内环内站点600m半径服务覆盖率68%，轨道交通服务逐步向远郊区延伸，辐射范围逐步扩大。

全市已建地面公交站点近两万个。公共汽、电车全市站点内环内300m半径服务覆盖率94%，500m半径服务覆盖率100%，全市站点密度每平方千米3.1个。2012年，轨道交通骨干作用逐步增强，占全市公共交通客运分担率达36.5%；公共汽、电车仍居主体地位，占比45.0%，出租汽车、轮渡公共交通分担率分别为17.3%、1.2%。

调查显示，本市中心城公共交通出行占使用交通工具出行的比重达到49.3%，接近"十二五"提出的50%目标；轨道交通客运量占到公共交通客运量的比重为42.3%，比上年提升2.5%；而公共交通出行占使用机动车出行总次数69.0%。

3. 市政总院组织2014年上海市公交客流调查

此次调查实现上海市域范围的全覆盖，以公共汽电车为主，适当延伸至包括轨道交通、出租汽车、轮渡在内的整个公共交通系统。调查内容包括全市公共交通设施、线网、运营和客流等多方面信息，并根据行业管理要求对重点区域、重点线路实施调查，范围广，内容丰富，系统性强。如用3天时间在全市范围内组织实施了90条公交线路的跟车调查。调查采用隔班抽样的方式进行，上海市公用事业学校派出3 000余人次的师生参与调查。调查工作组派出巡视员全面监督全过程，确保调查顺利开展。调查结束后，市政总院将结合大数据资源，全面整理数据，为新一轮上海交通白皮书政策细化及"十三五"综合交通规划编制等提供科学的定量数据。

思考与练习

1. 目前客流调查采取哪种方法？可以设计一种新的客流调查表格吗？有机会利用网络资源浏览收集先进的客流调查方法，整理出一份调查报告。

2. 当交替系数(δ) = 1时，反映出了什么情况？

课题五　城市公共交通客流预测

活动一　了解预测及客流预测

 相关知识

一、预测的基本概念

根据事物过去和现在的数据资料，探索事物今后可能的发展趋势，以指导未来的行动，

37

即根据过去和现在估计未来,根据已知推测未知,人们把这一活动称为预测。预测过程见图1-49。

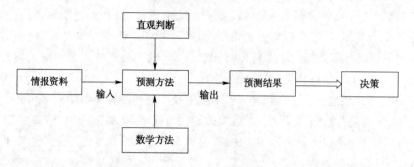

图1-49 预测过程

预测的基础是丰富的情报资料,是应用数学方法和直观判断对大量的无系统的数据资料进行分析加工、整理。从而得出规律性的结论,为决策提供科学依据。

预测不可能是百分之百的准确。对未来进行预测的准确程度完全取决于对所研究的事物运动规律的认识程度,对客观规律认识得越完全、越深透,预测就越准确。但由于受科学条件和技术条件的限制,预测在某些领域的准确程度不可能很高,这种不准确是不可避免的。

二、预测的作用

发达国家都十分重视预测工作,称预测是今日与未来的桥梁,是探索未来的窗口,是企业兴旺发达的指南。预测结果的准确与否,关系到一个企业、行业或一个部门的生存和发展。预测的作用有:

(1)预测是决策的前提;
(2)预测是制定发展规划的重要依据;
(3)预测可以推动技术和产品更新,增强产品竞争能力;
(4)预测是组织好社会生活及搞好经营管理的重要手段。

人们可以根据预测来研究未来,规划未来,设计应变的对策和行动方案。

三、预测技术的分类

预测技术就是预测分析所运用的科学方法和手段的总称。

1. 按预测内容分类

(1)社会预测是指对社会各种问题发展趋势的预测,如人口、就业等。

(2)经济预测是指对经济领域未来发展变化的预测。如经济发展速度、个人消费水平与结构等问题的预测。

(3)科学预测是指根据现有的科学发展水平,对科学研究的发展趋势、方向和可能出现的科学发明和发现进行推测和估计。

(4)技术预测是指从经济发展的目标出发,对技术发展趋势、技术发明及其经济效益等问题进行推测和估计。

(5)军事预测是指以国防和战争方面的课题为预测对象,推测和估计战争的可能性、规模、性质及其所使用的武器进行预计和推测。

2. 按预测时间分类

(1)短期预测是指预测时间以天数计,目前许多销售预测都是本周对下周的销售情况进行预测。

(2)近期预测是指预测时间以月计或稍长些,如一个月或一年,在此范围内。

(3)中期预测是指预测时间一年以上,五年以内。

(4)长期预测一般是指预测时间在五年以上的预测。

3. 按预测的方法分类

(1)定性预测。根据事物的性质、特点、过去和现在等状况,用逻辑推理的方法,对事物进行非数量化的分析和推测,判断事物的发展趋势。这种方法主要靠预测者的经验和综合分析的能力,也称直观预测法。特点是直观简单,适应性强,花费不高。是一种古老、传统的预测方法。在缺乏数据资料的情况下,仍被经常采用。

(2)定量预测。根据事物存在的数量关系,对事物进行定量分析,做出事物发展趋势的预计和推测。一般讲,定量预测比定性预测准确程度要高一些。常用的有时间序列预测法和回归分析预测法。

四、预测的步骤

(1)确定预测的对象;

(2)收集分析资料;

(3)选择预测方法;

(4)建立预测模型;

(5)对预测结果进行评定和鉴别。

五、预测技术简述

1. 专家预测法

以专家为索取信息的对象,请专家运用自己的知识和经验,对预测对象的过去和现在进行分析综合,从中找出规律,并对今后发展趋势做出判断,然后对专家的意见进行整理归纳,得出预测结论,一般采用两种形式,专家个人判断和组织专家会议。

2. 用户调查预测法

主要用于产品的市场预测。大致有典型调查、抽样调查、间接调查、直接调查四种。

3. 移动平均预测法

是在简单平均预测法基础上发展起来的一种方法。适用于企业的短期预测。平均预测法基础上发展起来的一种方法。

4. 加权移动平均预测法

是在移动平均预测法基础上,根据最近几期实际值对预测的影响大小给以不同的权数,而以加权后的平均值作为下期的预测值。

5. 指数平滑预测法

一是把过去的数据全部加以利用,二是考虑近期数据比远期数据对预测影响更大,比移动平均法有改进。

6. 线性回归预测法

利用时间序列所确定的线性回归数学模型来进行预测的,是一种最简单的直接外推法。

7. 回归分析预测法

是一种从事物变化的因果关系出发进行预测的数理统计方法，又称"因果法"。

六、客流预测

1. 客流预测的作用

公共交通企业的客流预测，是在各种客流调查和客流统计的基础上，经过全面系统的研究和分析，使之从现在研究未来，从已知研究未知，对未来的客流变化趋势进行科学的预测和估计。客流预测的作用有：

(1) 预测客流量和客运工作量，对未来客流的变化趋势进行科学的估计；
(2) 科学的客流预测是决策的依据，是制定线路网规划的依据；
(3) 是公共交通企业为提高服务质量，组织运营，编制运营计划的重要基础工作。

2. 客流预测的分类

客流预测可分为短期预测、期预测、长期预测。

思考与练习

1. 什么是预测？预测是如何分类的？进行预测的一般步骤是什么？
2. 客流调查与客流预测间的关联是什么？各自的最终目的是什么？

活动二　客流预测分析

 相关知识

1. 客流预测过程图

客流预测过程见图 1-50。

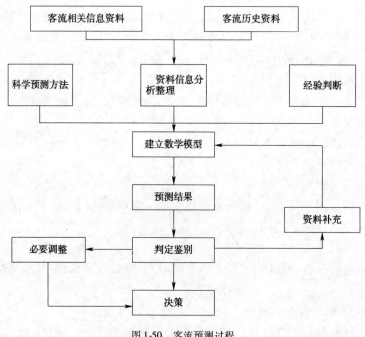

图 1-50　客流预测过程

2.客流预测分析

由于客流的波动变化多,影响因素复杂,客流预测的结论不可能是百分之百的准确。但客流、客源有其发展变化规律,通过掌握客流资料,了解客流动态,通过科学的预测方法,在未来的许多不确定因素中研究各种可能性,以减少未来发展的盲目性,增强预见性和适应能力,预测的准确度是完全可以逐步提高的。

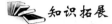

常用客流预测方法:

1.趋势直线法

将原始的对应数值在坐标图上用点描出来,表明分布情况,见图1-51。从发展趋势看,随着时间推移,客运量是上升的,表明时间与客运量之间存在相关关系。可以看出所有的数据点的波动基本上是以这条直线为中心的。把这条直线延长,可以推算出预测值。

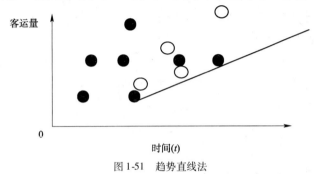

图1-51 趋势直线法

2.曲线趋势法

根据实际资料,研究数量变化规律,以预测将来发展趋势的方法,见图1-52和图1-53。

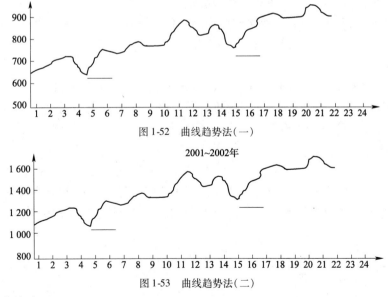

图1-52 曲线趋势法(一)

图1-53 曲线趋势法(二)

3.移动平均法

是利用靠近预期的最近的 n 期的历史客流量,取其平均值,作为预测期的客流预测值。随着时间往后推移,计算预测期的客流预测值所采取的各期(取 n 期)历史客流量也往后推移。该方法适用于客流变化基本稳定的情况。预测公式为：

$$X_{n+1} = \frac{1}{n}\sum_{i=1}^{n}X_i$$

式中：X_{n+1}——预测期的客流预测值；

　　　X_i——预测期前第 i 期的历史实际客流量；

　　　n——历史期数。

4. 指数平滑法

是重视近期的预测法，须具备本期实际客流量、本期客流预测值、平滑系数才可以运用，计算简单、方便。预测公式为：

$$X_{n+1} = X_n + a(X - X_n)$$

式中：X_{n+1}——下一期的客流预测值；

　　　X——本期客流实际量；

　　　X_n——前一期对本期的客流预测值；

　　　a——平滑系数（需要根据客流情况进行标定，一般 $0 < a < 1$）。

5. 加权移动平均法

就是对以往不同时期的历史实际客流量给予不同的影响权数，一般近期的权数较大，远期的权数较小，然后再加以平均，可求得预测期的客流预测值。预测公式为：

$$X_{n+1} = \frac{1}{\sum_{i=1}^{n}a_i}\sum_{i=1}^{n}(a_iX_i)$$

式中：X_{n+1}——预测期的客流预测值；

　　　X_i——历史第 i 期的客流实际值；

　　　a_i——历史第期的权数，$i = 1,2,3,\cdots,n$。

6. 经验判断法

依靠参加预测人员（即熟知客流规律的有关部门主管人员、有密切关系的专业部门专业人员、基层现场有关人员）的实际经验和综合分析能力，根据已经掌握的资料，将主观认识的意见化为所需要的客流预测数据，对未来的客流状况作出判断和估计。该方法是一种经常采用的预测方法。

[例1-1] 已知某线路2000年第3季度对第4季度的客运量预测值为6.3万人次，第4季度的实际客运量为6.5万人次，采用指数平滑法预测2001年第1季度的客运量预测值为6.34万人次，平滑系数 a 取值0.2。

计算过程是：

$$(6.5 - 6.3) \times 0.2 + 6.3 = 6.34 \text{ 万人次}$$

[例1-2] 已知某线路历年第一季度的客运量如表，现需预测2004年第一季度的客运量，采用移动平均法得到的预测值为5.5万人次，采用加权移动平均法得到的预测值为5.66万人次，见表1-15。

训练例题2　　　　　　　　　　　　　　　　　　　　表1-15

年份（年）	1999	2000	2001	2002	2003
客运量（万人次）	5.0	5.3	5.5	5.7	6.0

计算过程是：

采用移动平均法：

$$\frac{5.0+5.3+5.5+5.7+6.0}{5}=5.5 \quad (万人次)$$

采用加权移动平均法：
$$\frac{5.0\times1+5.3\times2+5.5\times3+5.7\times4+6.0\times5}{1+2+3+4+5}=5.66 \quad (万人次)$$

思考与练习

1. 通过学习,你认为简单易行的预测方法是什么?
2. 从城市公共交通某线路两年的月客流量变化示意图可以发现什么样的变化?
3. 如何运用指数平滑法、移动平均法、加权移动平均法和经验判断法进行客流预测?

项目二　城市公共交通行业管理

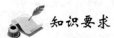
知识要求

1. 了解城市公共交通线网和场站规划；
2. 熟悉城市公共交通的企业管理，熟悉公共交通企业运营管理模式；
3. 熟悉城市公共交通企业营运服务安全管理内涵；
4. 辨析城市公共交通基础设施及其管理内容。

技能要求

1. 熟悉城市公共交通基础设施的管理；
2. 熟悉城市公共交通的行业管理。

课题一　城市公共交通线网和场站规划

活动一　了解城市公共交通线网规划

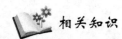
相关知识

地面公共交通运行线网规划，就是对地面公共交通运行系统的总体布置和设计。运行线网规划的优劣，直接影响着地面公共交通企业的服务质量和运行效率。线网由若干条、几十条以至数百条线路组成的一个覆盖面广的线路网络，是从大的方面解决一个区域乃至城市居民乘车需求；线路是由几个或十几个以至数十个站点串联而成的一段固定的营运路径，它是线网的基础，是从小的方面解决线路沿途居民乘车需求。

一、线网规划设计原则

1. 适应性原则

地面公共交通运行线网设计必须与城市的结构、形状、布局、道路及发展趋势相适应，积极推动城市的发展。

2. 一致性原则

线网设计必须与客流动态的四要素相适应，才能满足城市居民出行需要。

3. 整体性原则

一条线路、一个站点的变动都有可能影响到线网的整体功能，线网设计应立足全局，统筹兼顾，尽可能选择线网的最佳方案。

4. 经济性原则

在满足乘客乘行需求的同时，还应从提高运营效率、挖掘运行潜力、节约运行时间、降低运行成本等方面因素进行优化设计。

二、线网类型

放射型、棋盘型、交叉放射型、主辅结合型。

三、线路类型

1. 按营运时间分

可分为全日线路、高峰线路、夜宵线路。

(1)全日线路:营运时间在 4:00~24:00,营业时间长,服务范围广,担负绝大部分的客运任务,是地面公共交通的主要线路类型。

(2)高峰线路:营运时间在早晚高峰数小时内,客流特点是在两个高峰小时内乘客人次量大集中。

(3)夜宵线路:营运时间在 24:00~4:00,主要连接火车站、机场、码头、长途客运站、居民住宅区等地点,满足居民夜间出行的需要。

2. 按服务区域分

可分为市区线路、郊区线路。

(1)市区线路:指布设在市区范围内的线路。

(2)郊区线路:指布设在市区与郊区、郊区之间的线路。

3. 按选用车种分

可分为汽车线路和电车线路。

(1)汽车线路;

(2)电车线路。

4. 按适应不同层次需要分

可分为常规线路和专线线路。

(1)常规线路:面向大众,票价低廉,是居民日常出行的首选交通方式。

(2)专线线路:以优质优价服务形式承担一部分客运任务,如机场专线、旅游专线,为乘客提供定点定向定时直达交通。

四、线路长度

(1)线路长度:以营业线路的起讫站点之间往返里程(包括首末站的调头行驶长度)的二分之一计算。

$$线路长度 L = \frac{上行线路长度 + 下行线路长度}{2} \quad (km)$$

(2)线路总长度:是全部营运线路长度的总和。

$$线路总长度 L_总 = \sum 线路长度 \quad (km)$$

(3)线网总长度:是全部营运线路所经过的道路长度的总和。

$$线网总长度 L_网 = L_总 - L_{重复} \quad (km)$$

上述式中:L——线路长度(km);

$L_总$——线路总长度(km);

$L_网$——线网总长度(km);

$L_{重复}$——线路重复部分的长度(km)。

五、公交专用道

就是公交车专用车道,一般情况下,私家车是不可以走公交车道的,交警会予以处罚,但会因不同地区而异,见图2-1。公交专用道属于专用路权的一种,在普通道路隔出专用线道,仅提供公共汽车行驶。公交专用道的名称在各地均有不同,中国大陆称作公交专用道,台湾省称为公车专用道,香港称为巴士专线。在香港,公交专用道的设立主要是让公共汽车在交通繁忙的时间仍然有可以走的路面,以保障使用公共交通工具的大多数乘客;在中国大陆,是否设置公交专用道往往和当地的交通状况有密切关系。因此,有些城市在交通流量较大的道路上划分出公交专用道,公交专用道可以有时间限制的。在香港和新加坡,某些专用道在指定繁忙时间以外,可以允许其他车辆使用;在台北的指定开放时段为0时至5时。

1. 设置目的

给公交车辆较多的道路使用权,以提高行驶速度,减少行程时间与延误,降低运输成本,提高公交车辆对乘客的吸引力和服务水平。

2. 类型

按车辆行驶方向可分为顺向式、逆向式、可变式;按设置区位可分为路外侧式、路中央式;按行驶时间可分为全天时段、高峰时段;按与其一般车道分隔方式可分为物体分隔式、画线分隔式;按物体分隔可分为隔离墩分隔式、绿岛分隔。

图2-1 公交车专用道

3. 原则

应在不恶化或很少影响其他交通方式的原则下进行,最终目标是节省广大出行者的行程时间,公众可以接受,所取得的综合效益要好于实施前的状况。

4. 条件

一般认为单向应具备2条以上的机动车道,如单向有3~4条最好;单向公交高峰小时客运量大于5 000人次,形成初步公交走廊,道路总宽在30m以上最好;在有条件的交叉路口设置专用的公交进口车道,使其不致在路口形成排队或拥挤而无法通过。应当关注的是:公交专用道设立不当会导致公交车切入专用道的动线与其他车辆动线交错,在公交车路线混杂的地点设立公交专用道的效果较差,可能互相干扰,在不当路段设立公交专用道会造成无法执行调拨车道。

六、线网优化

线网优化是指在现有道路、车辆以及社会环境的约束下,运用科学方法和手段,对地面公共交通运行线网总体布局进行分析、调整,使线网发挥最大整体功能的择优过程。

1. 线网优化的标准

(1)使尽量多的乘客,尽可能少换乘,就能到达目的地。

(2)使城市居民出行所消耗的时间和费用尽可能最少。
(3)地面公共交通企业的投入尽可能最省。

2. 线网优化的调整原则

(1)结构优化原则。
(2)功能优化原则。
(3)布局优化原则。
(4)线路功能与道路等级相协调的原则。
(5)线路调整规划与管理相结合的原则。

3. 线网优化具体的评估项目

(1)线路客流集散的均衡性。
(2)线路走向与客流流向的一致性。
(3)原有乘客乘车习惯变动的可塑性。
(4)公共交通空白地段的填补性。
(5)线路弯曲程度的适当性。
(6)城际交通枢纽的联系性。
(7)城区中心与副中心的沟通性。
(8)线路长度的适宜性。
(9)交通管理部门的协调性。
(10)局部与全局的统一性。

七、线路设置及优化

在规定道路、车辆和社会环境条件的约束下,对某条线路进行分析调整,使线路充分发挥最佳功能的工作过程。具体内容有:

(1)开展客流调查,修正线路走向和长短。
(2)适应城市发展,开辟新线,延缩老线。
(3)适应道路交通,调整沿线站距、站点。
(4)控制站点规模,提高运行能力。

知识拓展

(1)线网优化。2011年上海首批公交线路优化调整计划范围——共涉及公交线路283条,其中市属管理线路161条,新辟2条、调整122条、撤销37条;两级管理区县安排区域公交线路122条,新辟36条、调整79条、撤消7条。

优化调整计划重点:完善居住区公交配套;做好枢纽站公交配套;做好大型市政工程公交配套;实施对西藏南路隧道、军工路隧道、龙耀路隧道、咸宁路桥等黄浦江、苏州河新建桥隧的公交配套;继续推进中心城区公交线网优化工作。在浦东、浦西相对市场经营格局基本形成基础上,继续推进巴士公交、浦东公交的建设和发展。

(2)2011年上海公交"问计于民"改善民生,上海公交管理部门对公交线网调整公示征询意见活动中市民反映的意见与建议进行了梳理归纳,市民普遍反映:把超长公交线路缩短,把弯弯绕公交线路拉直,把重复公交线路并拢,便于广大市民出行。上海公交管理部门一边征询市民意见,一边积极行动落实相关调整计划。根据市民呼声较高的设置"穿梭巴士"解决最后一公里出行的建议,管理部门将率先在浦东周浦地区试点推出两条"穿梭巴士",将大型住宅区内的医院、学校、菜场、超市、文化和卫生活动中心等场所串联起来,"线路短一点、车辆小一点、票价低一点、营运活一点",并将从2011年下半年开始逐渐推广到100条左右。

(3)公交时速国际领先。路权、信号、保障三优先让常州快速公交线路时速达到22.7km,处于国际领先地位,更是大大超过了国内的其他城市。常州快速公交站台建在路中央,两侧各设一条专用道,站台高出路面,封闭式管理,入口处有乘务员为乘客服务。交通管理部门在沿线设置了28台电子监控系统,避免了社会车辆侵占公交专用车道。在通过交叉路口时,快速公交享有特权,即优先通行。常州快速公交线路上均安装了感应处理器,当快速公交到达路口80m时即与其呼应。如此时绿灯将结束,处理器会延迟5~8s;如果是红灯,感应器则会根据路况,缩短红灯时间,尽量保证快速公交快速通过。常州快速公交目前每日投入运营的车辆仅为公交车总量的10%,而客运量却达25%。快速公交在提升公交服务的同时,还改善了社会交通的出行环境,社会机动车出行速度提高了10%以上。而原来行驶在社会车道上的公交车减少了300多辆,对社会车辆通行的干扰明显减少。在快速公交建成通行后,沿线的交通事故减少了30%。公交优先发展的核心理念之一就是把城市有限的道路资源,优先分配给人均道路使用效率更高的公共汽车,通过提高城市公共交通的服务水平,吸引更多的市民采用公共交通方式出行。如中央侧式站台、专用车道、一主多支等举措在全国均属首创;行人通过道口的时候采用平交配合专用信号灯的模式,安全方便;站台、车辆设施齐全,如安全门、低地板、智能信息系统、残疾人通道等设施和设计都十分人性化,兼顾到老弱病残等特殊群体的需求。常州快速公交还在很多设计细节上体现出对乘客的关心,如挡风玻璃后面和扶手上布置了纸花等装饰物,虽然花钱不多,但却增加了许多生活气息,体现了以人为本的理念。现在,常州每天乘坐公交的市民超过100万人次。更短的候车和乘车时间,更短的换乘距离,同台同向免费换乘,这些都大大缩短了老百姓的出行时间,节省了出行成本。市民出行方便了,快捷准时了,又省钱了,都说市政府办了一件好事。以常州1、2号快速公交线为例,两条线总长45km,包括拆迁、道路建设在内共投资15亿元人民币,每公里造价3 300万元,不足轨道交通的十分之一,建设周期不足轨道交通的四分之一,而完全可以达到同样的效果。由于快速公交的建设和运营成本远远低于同等规模的轨道交通系统,节省了大量的投资,减轻了城市的财政压力,有利于公共财政的可持续性。交通拥堵是全球大城市的通病,通过建设城市快速公交线,以其大容量、快速、准点的服务特点以及永久性、现代化的形象,已经成为常州城市的新地标,更成为常州市的一张城市名片。

思考与练习

1. 设置公交车专用车道优缺点是什么?上海公交车专用车道使用时间是如何规定?
2. 举例说明线网如何优化。
3. 举例说明线路设置及优化的具体措施有哪些。

活动二　熟悉城市公共交通场站设置与设施管理

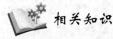相关知识

场站设施是地面公交企业组织线路运营必需的硬件基础设施。场包括公交停车场、保养场,是公交企业确保公交车辆日常运行的保障基地;站包括起讫站、枢纽站、中途站,是公

交企业直接服务乘客的站点站务设施,是最基本的标志性设施。

1. 停车场、保养场等设置

(1)停车场:主要供车辆停放,并进行每天的车辆一级、二级保养;停车方式一般以双排八字形停车用地最为经济,停车数量多,利用效率最高。停车场的位置要以进出场车辆空驶公里最少为原则,从经济角度考虑,企业为节省营运成本,尽量减少进出场车辆空驶公里。

(2)保养场:有停车、保修保养双重功能,车辆保养、修理是主要生产任务,四周围用围墙隔离,基本采用封闭式的管理。

2. 站点设置

(1)起讫站(或称始末站、首末站):指每条公交线路两终端的停车站,除供乘客候车乘车外,一般还设置调度室供现场调度人员工作和行车人员休息使用。

(2)中途站:是沿公交运行线路设置的车辆停靠站点,供沿途乘客上下车。

(3)枢纽站:为适应大型客流集散点所需而设置的多条公交线路终点站、多种交通方式汇集的客运交通集散场所,以方便乘客乘车换乘,如车站、旅游集散中心等。

通常把起讫站、集散量大的站点、交通枢纽站、大型文化娱乐场所站、大型住宅小区站等线路上比较重要的站点称为重点站。这些都是根据乘客上下车需求相对稳定的地点而设置的固定站点,它决定着公交线路的站点数和站距,正常情况下,不得任意变动,这是公共交通"三定"原则之"定点"原则。

3. 设站限制

(1)站点位置:在不影响道路口交通畅通的前提下,中途站宜靠近交叉口设置,有利于相交道路公交线路的衔接,为乘客换乘提供方便,反之则越过路口后设置。

(2)上下行站点设置:宜交叉设置,中间相距30~50m,避免造成道路的活动瓶颈。

(3)并线设站:在同一道路上行驶的公交线路可以并线设站,以方便乘客换乘,但不宜过多,若影响车辆正常停靠或通行时,应分开设置。

(4)合理站距:在同一条固定线路上,相邻两个站点之间的距离称为站距;站距的长短会直接影响到乘客的步行时间、乘行时间以及线路的服务范围。理论上合理的站距可通过下列公式求得:

$$D_{站距} = \sqrt{2V_{步} L t_{上下}}$$

式中:$D_{站距}$——合理站距(m);

$V_{步}$——乘客平均步行速度(km/h);

L——乘客平均乘距(km);

$t_{上下}$——车辆停靠站乘客上下车的平均时间(s)。

例如:$V_{步}=4$km/h,$L=4$km,$t_{上下}=30$s,则:

$$D_{站距} = \sqrt{2V_{步} L t_{上下}} = \sqrt{2 \times 4 \times 4 \times 30 \div 3\,600} = 0.517 \text{km} = 517\text{m}$$

说明:站距过短,可造成车辆运行速度下降,乘客乘行时间增加,站距过长,可造成乘客乘车不便,一般讲市区的公交运营线路一个车站的服务范围以乘客步行到站的距离平均500m为宜。未来上海将实现内环内公交站点300m服务半径全覆盖,内外环之间、郊区新城内部和新市镇公交站点500m服务半径全覆盖。

根据我国《城市道路交通规划设计规范》(GB 50220—1995)规定,公交站距市区线500~800m,郊区线800~1 000m。

(5)不宜设站:转弯地点、涵洞、桥梁、陡坡、隧道、铁路道口和危险地段以及车辆进出口、大型建筑物门前等不宜设站。

4. 公交站点设施管理要求

(1)起讫站(始末站)

①应设置调度室、行车人员休息室和厕所,并符合《城市公共汽车和电车客运服务规范》规定。

②应设置停车场、乘客候车廊(含无障碍设施)和"老、幼、病、残、孕"候车座椅。

③应设置反映车辆调度与发车时间等信息的电子显示屏。

④应设置统一的公交站牌和服务导向标志。

⑤应设置必要的通讯设备和消防设施。

⑥应设置符合规定的智能化调度系统。

⑦应配备一定的车辆清洁工具。

⑧应在调度室外或候车廊张贴:

a. 城市公共汽车和电车乘车规则;

b. 城市市民文明乘车公约;

c. 公共行业服务规范;

d. 线路走向示意图,有条件的可以在城市地图上标出线路走向和中途站点位置;

e. 营运收费价目表;

f. 服务热线电话。

(2)中途站

①应设置统一的公交站牌,有条件的设置电子站牌。

②站牌应标明线路名、所在站点的名称、行驶方向、首末班车时间、沿途停靠站点和收费标准。

③有条件的应设置乘客候车亭。

④有条件的可以设置预告车辆到达时间信息栏,对间隔较大的应标明运行间隔或到发班次时刻。

5. 公交站点的管理

(1)起讫站(始末站)管理

①保持设施完好,并符合相关规定。

②未经许可,站点场地不得擅自挪作他用。

③车辆调度管理:

a. 车辆停放应规范有序,蓄车数量符合有关规定;

b. 营运车辆进入站点,停放车辆超过10min的,发动机应停止工作;

c. 高峰时段排队上车,车站等大客流站点应实行全天排队上车;

d. 使用电子显示屏及时发布发车信息,禁止使用扩音设备调度车辆。

④环境卫生管理:

a. 调度室和休息室内外墙体、地面平整、清洁、美观、无脱落;

b. 调度室和休息室内设施完好,物品摆放有序;清洁卫生,无蚊蝇、无鼠迹,厕所无异味;

c. 调度室和休息室内设有宣传橱窗,无随意张贴物;

d. 停车场地平整,无积水、无污物,垃圾及时清除;

e.乘客候车廊及护栏整洁完好,无变形、破损,连接部位无松动、脱落。

(2)中途站点管理

①保持站牌设施完好,并符合相关规定。

②线路站牌检查,每周不少于一次。发现坏损和残缺,应及时保修。

知识拓展

枢纽是实现各种交通方式有效转换的关键环节。按照功能与规模将客运枢纽分为大型枢纽、中型枢纽、小型枢纽和一般枢纽四个等级。虹桥枢纽是集机场、铁路、磁浮、地铁、出租、公交等一系列对内、对外交通服务功能为一体的大型综合性客运交通枢纽。

轨道交通进入虹桥枢纽的线路规划有2号线、10号线、17号线、青浦线。虹桥枢纽是轨、路、空三位一体的日旅客吞吐量110万人次的超大型、世界级的交通枢纽中心,见图2-2和图2-3。其特性体现为不同交通方式之间大量的客流换乘。如:机场—磁浮、机场—铁路、磁浮—铁路以及所有各类交通方式共64种可能的连接,56种换乘模式,规划远景年每天将处理近110万人次旅客吞吐量,64 000人次换乘转运量。

图2-2 虹桥枢纽鸟瞰图(一)

图2-3 虹桥枢纽鸟瞰图(二)

思考与练习

1.公共交通"三定"原则具体内容有哪些?

2.请具体分析平均站距与乘客乘行时间、乘客步行时间、服务范围等服务效果间的关系。

课题二 城市公共交通企业的日常运营管理

活动一 了解城市公共交通企业

相关知识

要了解城市公共交通企业,需要对城市公共交通企业本身有系统、正确的了解和认识。

一、城市公共交通企业含义

城市公共交通企业主要是以生产资料公有制为基础,应用现代运输技术,从事城市客运经营活动的独立核算的经济组织,是具有一定权利和义务的法人。

概念包含4个基本特征:生产资料是社会主义公有制的;是应用现代运输技术的;是从事城市客运经营活动的;是独立核算的经济组织。

二、城市公共交通企业的具体特征

城市公共交通企业除具有上述基本特征外,还具有以下具体特征:

1. 客运对象的社会性

指城市公共交通企业为社会各种职业、各个层次的居民和流动人口提供全城范围内的客运服务的属性。

2. 客运线路的固定性

指城市公共交通企业运行线路的长短、起讫点、中途站点相对固定,在规定的时间内把乘客安全运送到目的地的属性。

3. 客运场地的分散性

指城市公共交通企业运行场地点多、面广、流动、分散的属性。即城市公共交通企业的运营服务工作主要依靠单车作业,"车间"在马路上,遍布城市的各个角落。

4. 客运工具的替代性

指城市公共交通企业各种交通工具在一定条件下可以相互代用的属性。

5. 客运要素的依附性

指城市公共交通企业劳动对象非自有的属性。即城市公共交通企业只具备劳动者和劳动工具两个要素,劳动对象不属于城市公共交通企业所有。

6. 客运产品的无形性

指城市公共交通企业产品非实体的属性。即乘客在空间上的位移是城市公共交通企业的产品,该产品不能存储,不能调拨。

7. 客运过程的即时性

指城市公共交通企业生产和消费过程同时进行,同时结束的属性。即产品的生产过程,也就是产品消费过程。

8. 客运服务的准公益性

指城市公共交通企业客运服务既要社会效益又要经济效益的属性。即需要向乘客提供有偿服务,同时保持公共交通的经济性,采取低票价标准。

三、城市公共交通企业的地位

城市公共交通企业的地位见图2-4。

四、城市公共交通企业的任务

城市公共交通企业的基本任务就是提高其社会服务效益和企业经济效益,具体任务包括:

(1)为城市居民提供安全、迅速、方便、舒适、准点、经济的客运服务,满足城市居民出行需要。

(2)为城市公共交通企业自身的生存、发展积累资金。

(3)为城市公共交通企业自身发展需要培养各种人才。

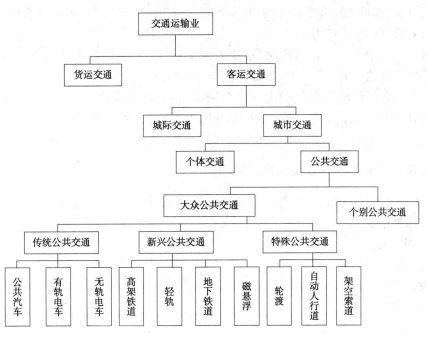

图2-4 城市公共交通企业的地位

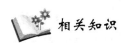知识拓展

据新华社2008年5月报道,湖北十堰市5年前进行了一场轰轰烈烈的"公交民营化"改革后,竟先后引发了4次公交驾驶员集体罢运事件。最近的"月薪11元公交驾驶员罢工"使这场公交民营化改革在一片质疑声中搁浅。数年前,国家建设部发布《关于加快市政公用行业市场化进程的意见》。自此之后,外资、社会资本纷纷参与到了市政公用事业领域的运营,这本来可以增强国企垄断行业的活力,但在一些地方却完全成为公改私,公用企业完全走向市场化,公共属性逐步淡化。承包人急功近利,捞一把就走人的现象不断发生。湖北十堰的公交驾驶员说,在改革之前月薪再低也不会只有11元。由这类事件可以破除对"市场垄断"的迷信。民营化并非解决一切问题之道,对垄断行业进行改革,不是公改私,而是要形成混合经济体,引入竞争并重建价格管制机能,将垄断行业的自然垄断业务与非自然垄断业务分离,让公共资源公正分配。

思考与练习

1. 了解城市公共交通企业特征、地位、任务。
2. 谈谈你对城市公共交通企业改革有何想法。

活动二 了解城市公共交通企业管理

相关知识

一、城市公共交通企业管理的意义

(1)城市公共交通企业管理是城市公共交通客运经营的必要条件。在城市公共交通客运经营中,员工、车辆、道路、乘客、信息五大要素,只有通过管理,使之有效结合起来,变成现实生产力,即管理也是生产力。

(2)城市公共交通企业管理是城市公共交通客运经营生产力的制约因素。以员工为主体,通过管理把其他要素有机结合起来形成生产力动态系统,即:

$$客运经营生产力 = (员工+车辆+道路+乘客+信息) \times 管理$$

(3)城市公共交通企业管理是城市公共交通生产关系的物质基础。
(4)城市公共交通企业管理是正常城市公共交通客运秩序的基本保障。

二、城市公共交通企业管理的性质和职能

城市公共交通企业管理是双重性的,既具有自然属性,又具有社会属性。
(1)决策职能;
(2)计划职能;
(3)组织职能;
(4)指挥职能;
(5)协调职能;
(6)控制职能;
(7)激励职能。

三、城市公共交通企业管理的方法

城市公共交通企业管理一般管理方法:
(1)行政的方法;
(2)经济的方法;
(3)法律的方法;
(4)教育的方法;
(5)数学的方法。

城市公共交通企业具体管理方法:
(1)以人为主要对象管理方法,如行为科学、技术培训等;
(2)以物为主要对象管理方法,如O-D客流调查、客流模型等;
(3)以信息为主要对象管理方法,如客流预测、管理信息系统等;
(4)以人和物为主要对象管理方法,如目标管理、人—机工程;
(5)以人和信息为主要对象管理方法,如决策技术等;
(6)以人、物、信息为主要对象管理方法,如系统工程技术、控制工程技术等。

四、学习城市公共交通企业管理意义

城市公共交通企业管理学是城市公共交通管理类专业的一门必修课,是城市公共交通企业中、高级管理人员应掌握的一门知识。管理者为完成所担负的工作任务,必须具备的决策、计划、组织、指挥、分析、指导、监督等方面的知识和能力,具备纵、横向的协调、处理解决问题的应变能力。目前城市公共交通企业服务管理由经验型管理转向科学型管理,需要城市公共交通企业管理人员必须具备目标管理、系统管理、规范管理等现代化管理知识和技能。

活动三 熟悉城市公共交通企业组织架构

 相关知识

一、城市公共交通通企业组织机构形式

大体有五种：直线制、职能制、直线—职能制、事业部制、矩阵制等，各有其适用范围和优缺点。目前常用的大致有两种：

1. 直线—职能制

直线—职能制（图2-5）的特点是把管理人员分为两类，一类是直线（直接）指挥人员，他们拥有指挥命令下级的权利并对该组织负责；另一类是职能人员，他们无权指挥命令下级，只对下级进行业务指导。

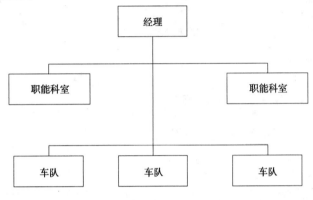

图2-5 直线—职能制

2. 模拟分散制

模拟分散制（图2-6）介于直线—职能制和事业部制组织结构形式之间的一种组织结构形式，特点是高度授权，让下属部门独立经营，单独核算，并负有盈亏责任。

各集团及有限公司组织机构见图2-7～图2-14。

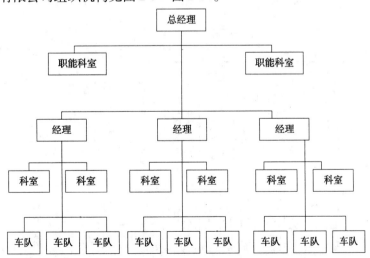

图2-6 模拟分散制

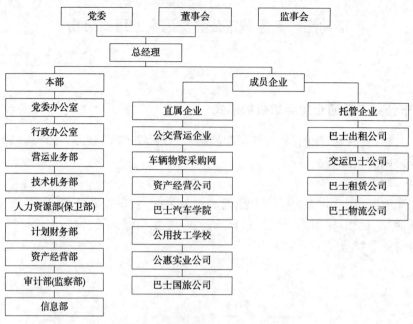

图 2-7 上海巴士(公交)集团组织机构

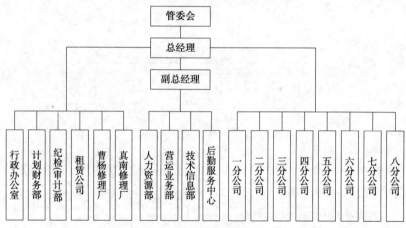

图 2-8 巴士三汽公共交通有限公司

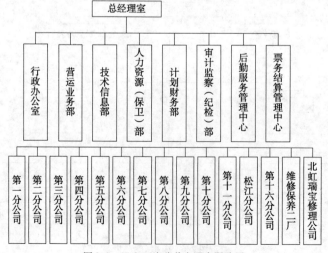

图 2-9 巴士四汽公共交通有限公司

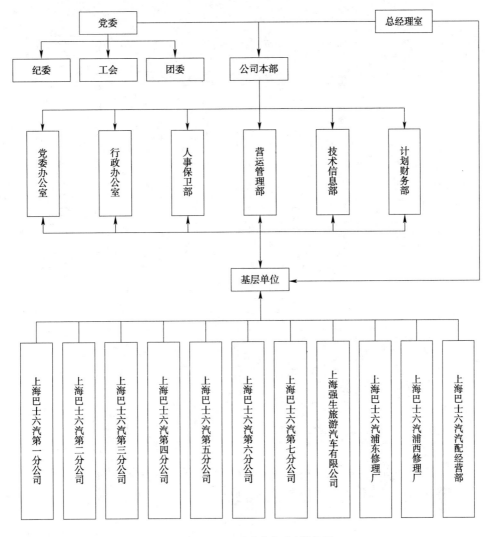

图 2-10　巴士六汽公共交通有限公司

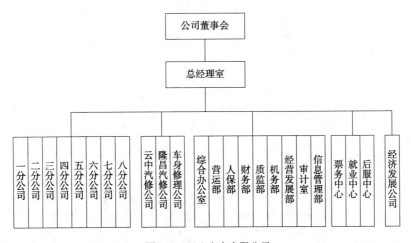

图 2-11　巴士电车有限公司

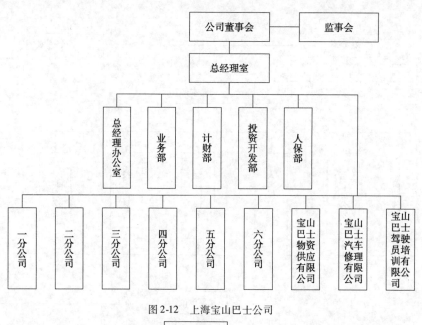

图 2-12　上海宝山巴士公司

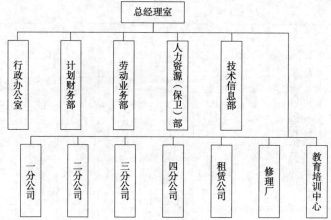

图 2-13　上海崇明巴士公共交通有限公司

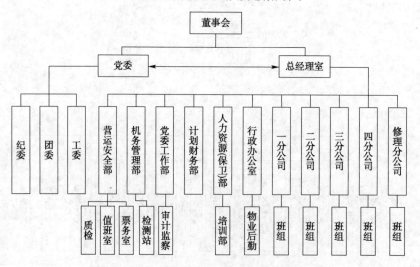

图 2-14　上海金山巴士公共交通有限公司

二、分公司的职责、权限、岗位职责、组织编制

城市公共交通分公司是公司下属的营运生产单位,其基本任务是抓好生产带好队伍,为乘客提供"安全、迅速、方便、准点、舒适"的乘车条件,满足市民出行需求;并兼顾节能环保、增收节支、信息化管理等工作,最大程度创造良好的经济效益和社会服务效益。分公司营运生产行政管理岗位设置。可设分公司经理、副经理、经理助理若干名;办事员(兼派班员)、核算员、计划调度员、线站调度员、行车管理员(事故处理行管员)、机务管理员。

相关公交企业分公司车队的职责、权限、岗位职责:

1. 分公司经理职责

(1)贯彻执行国家、政府部门颁发的各项法律、法规及政策,全面落实公司的各项工作要求,执行和落实公司下达的生产计划和目标责任制。

(2)分公司经理为分公司营运生产全过程及安全管理的第一责任人。

(3)根据公司经理室部署,指挥、协调本分公司全面工作。制定年度、月度的工作计划和目标,采取有效措施,确保目标实现。按8小时工作制、24小时责任制的要求,协调各分管副经理、经理助理的作息时间,有效扩大分公司领导管理在岗时间的覆盖面,争取最大经济效益和社会服务效益。

(4)加强领导班子建设,建立和完善职工队伍的教育、培训和奖惩分配激励机制,做到公平、公开、公正。

(5)分工联系所属若干线路,定期参加每周干部路线上岗。

2. 分公司分管业务、人事、后勤副经理职责

(1)协助分公司经理贯彻执行公司的方针目标,制定切实可行的操作方案,并能在实际工作中不断调整、改进和完善。重视岗位业务知识的学习和更新,熟练掌握工作范围内各项管理工作的程序与方法。

(2)按市场和季节变化,及时组织分公司行车作业计划的编制和实施;安排组织客流的统计、分析和调整措施;正常路线营运秩序和及时处置突发事件;执行公司指令及应急预案的响应;负责对线站调度员、计划调度员、计划派班员的管理和考核;负责对营运车辆的票务管理及监票员的管理;站点管理。

(3)负责分公司人力资源管理,协助分公司经理制定分公司内部分配方案,负责方案的实施,充分运用经责杠杆作用,调动职工的积极性和确保队伍的稳定性。

(4)负责抓好分公司各岗位的岗前培训及持证上岗工作;严格考勤制度,定期检查劳动纪律,对于违纪职工进行教育和考核;妥善处理员工来电、来信、来访,维护企业稳定、加强职工安全生产教育和管理。

(5)深入营运现场,深入车厢、站点,及时了解职工的思想动态和工作状况,引导和教育职工不断提高服务技能,提升营运服务水平。按路线营运需要,公休由分公司经理安排。定期参加每周干部路线上岗。

(6)分工联系所属若干线路,主动向公司分管领导及分公司经理汇报工作,完成上级交办的各项任务。

3. 分公司安全、服务、机务副经理职责

(1)协助分公司经理贯彻执行公司的方针目标,制定切实可行的操作方案,并能在实际工作中不断调整、改进和完善。重视岗位的业务知识的学习和更新,熟练掌握工作范围内各

项管理工作的程序与方法。

（2）负责落实公司安全行车工作要求，制定并实施分公司行车安全责任制；制定并实施路线行车细则；制定并实施分公司职工安全行车、安全生产规定，及时指导处理各类行车事故；制定并实施分公司节假日期间驾驶员、营运车辆的安全管理办法；负责分公司所辖路线的等级路线管理、品牌路线管理和星级服务管理。

（3）负责日常安全教育活动；负责行车人员违章违操的教育与考核；负责行车管理员现场管理安排；管事率、事故处理及费用控制等工作实绩的评定、考核；负责分公司路线营运服务投诉的处理及管理。

（4）负责拟订本分公司车辆机务管理和使用管理的工作计划并加以实施；落实能耗控制措施；规范驾驶员技术操作和例行维护专业知识的辅导、教育；配合公司组织的车辆年检、节检及车辆安全普查工作；了解掌握所属车辆的技术状况，进行维修成本核算，控制各项考核指标。

（5）负责分公司信息化工作推进和日常管理，保障车载、站点、分公司本部的信息化设备设施的完好和正常运行。

（6）深入营运现场，深入车厢、站点，及时了解职工的思想动态和工作状况，引导和教育职工不断提高服务技能，提升营运服务水平；注重调查研究实事求是，工作扎实讲究实效；按路线营运需要，公休由分公司经理安排。定期参加每周干部路线上岗。

（7）分工联系所属若干线路，主动向公司分管领导及分公司经理汇报工作，完成上级交办的各项任务。

4. 分公司核算员职责

（1）严格按"及时性、准确性、系统性"的原则，加强原始数据和基础台账的保管工作，每月按时上报相关数据和报表。

（2）参与分公司营运生产情况综合分析，协助编制分公司年度预算计划。

（3）加强经济核算，健全和完善经济责任制，合理分解公司下达的各类营运生产经营指标，及时分析各项营运生产指标完成情况，提出修正意见和建议，做好领导参谋。

（4）负责汇总司、售人员营收、公里、油耗等相关营运数据，严格执行分公司经责分配方案，做好职工分配的核算和公布工作。

（5）根据公司有关规定，完整保存分公司各类基础数及资料，以备查阅。

（6）经常深入职工，了解经济责任制实施情况，围绕各时期营运生产重点、难点，提出调整建议和意见，利用经济杠杆激发行车人员积极性，配合营运生产任务完成。

（7）负责分公司行车人员的考勤统计汇总，每月按时完成上报分公司职工的考勤记等报表。

（8）参与路线安全服务管理，每周1次参加早夜高峰现场上岗。

5. 计划调度员职责

（1）按照集团制定的营运规范和标准，根据客流动态及相关数据资料，编制本分公司各路线行车计划作业表。

（2）行车计划作业表应根据季节客流变化特点一年3次调换，调度形式应符合路线客流动态，编制平日表和节假日专用行车计划作业表。当客流发生明显变化时，应按集团规定时间内调换行车计划作业表。调换行车计划作业表必须深入路线进行客流观察分析、提出调整依据、做好资料对比，以符合市场所需。

（3）按规定每天按时汇总车辆、劳动力使用情况、高峰出车和班次执行情况，落实公司上传、共享各类营运数据的规定。

（4）遇特殊情况,必须遵照公司营运业务部的指令,统一调度,及时组织运送能力,执行和完成特殊用车任务。

（5）负责分公司行车人员上岗证、路线车辆营运证的管理;协助业务副经理开展对线站调度员的工作指导。

（6）参与路线安全服务管理,每周1次参加早夜高峰现场上岗。

6. 分公司线站调度员职责

（1）贯彻执行集团、公司制定的营运调度方面的各项规章制度、标准要求;熟悉本路线运营特点,了解本路线行车人员基本情况,掌握本路线基本业务情况。

（2）认真执行行车计划作业表,采取各种合理、灵活的现场调度措施,力求达到车距平衡、能量平衡和工作平衡,弥补计划的不足,确保营运计划的全面落实和行车秩序的基本正常。

（3）负责路线营运现场调度控制;负责路线营运现场数据采集和记录;认真执行公司规定的早夜高峰、车辆脱档、特殊气候、突发情况的调度措施;认真执行三级调度指令和汇报制度;掌握路线突发事件的应急预案。

（4）规范调度工作流程,做到"三表一致"(路单、调度日报表、调度软件输入),如实记录、汇总路线营运情况,按规定上报上传。

（5）配合做好路线营运车辆的服务标志和设施的检查,督促驾驶员校正POS机时间,提高路线营运服务质量。

（6）了解、掌握所值勤营运路线的客流动态、道路通行状况,每月应不少于一次书面报告车队本线客流动态和调度建议。

（7）值勤时段保持站内环境整洁,规范张贴各类服务、宣传标识,正常候车秩序,指挥车辆停靠和停放,耐心解答乘客问询,执行失物保管制度,规范使用站点信息化设备设施。

（8）关心职工身体状况和工作情况,配合做好安全行车签到、提醒工作,对严重影响营运生产、危及行车安全的,应坚决制止并及时汇报。

7. 分公司路线行车管理员(含事故处理行管员)职责

（1）规范使用公司行车管理员工作日报,对营运现场发现的问题应及时处理和纠正;熟悉本分公司所属路线行车细则及营运特点,了解行车人员基本情况,掌握路线基本业务情况。

（2）认真做好日常跳车检查和分管线路的重点驾驶员跳车检查辅导;对涉及人、车、线、站的各类规定要求实施现场监督控制,及时纠正、处置、考核不规范操作。

（3）负责处理分管路线乘客的来电来访和解决行车纠纷,遇重大情况及时向分管领导报告。

（4）关心行车人员工作状态,加强安全行车提醒、督促,协助分管副经理负责对驾驶员的日常管理。

（5）协助分管副经理开展等级路线、品牌路线、星级管理工作。

（6）事故处理行管员在负责日常事故善后处理工作的同时,应履行:负责分公司安全行车预防教育工作,协助分管副经理组织行车人员安全、服务教育活动;对发生有责事故驾驶员须跳车检查辅导,根据需要开展"四不放过"教育;负责分公司营运车辆行驶证、驾驶证的造册、年审、调换等日常管理;行车事故处理应遵循"费用最低"原则,并做到如实、及时、正确办理各类事故处理的费用报销手续,做好相关信息化台账的上传;做好"月度行车事故处理情况"的汇总和上报;参与分公司所属路线早夜高峰现场管理。

8. 分公司机务管理员职责

（1）了解掌握分公司保管车辆的技术状况,及时反馈车辆保养维修、车辆进出场、车辆停放和车载设备完好的信息,协助分公司机务副经理开展机务管理工作。

(2)负责对进出场车辆值勤驾驶员例行保养执行情况进行检查和考核。

(3)负责结束营运车辆在指定停车场合理、有序、安全停放,保证次日车辆准点出场。

(4)负责营运车辆夜间故障报修的落实,检查车辆修复质量;及时了解留交车的修复进程,掌握营运车辆完好情况,当出现车辆留交影响次日出车正常的情况,应积极进行调整,最大程度保证路线营运需要。

(5)负责车辆发动机清洁管理工作;负责场停车辆路别牌、车厢内服务标识等的日常检查,负责报修项目修复的再联系、修复查验。

(6)负责落实营运车辆执行各类计划保养;负责车辆各类大修工作及肇事车辆的修复进展和质量。

(7)协助分公司和南陈维修分公司开展车辆定期检验和年检、节检及车辆安全普查工作。

9.分公司行政管理岗位设置

分公司行政管理岗位设置见图2-15。

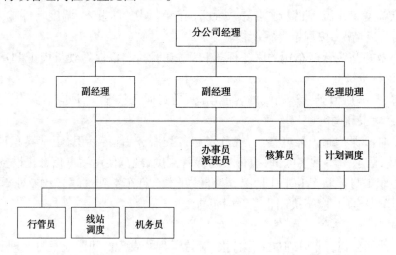

图2-15 分公司行政管理岗位设置

课题三 公交企业运营服务安全管理

活动一 熟悉服务管理的内涵

一、服务管理的内涵

城市公共交通的服务管理是公交企业的管理者对满足乘客出行基本需求而提供的安全、方便、迅速、舒适、经济的服务进行全面管理的过程。

广义的服务管理是从客运市场需要出发,合理安排运力,满足乘客基本需要,对企业所提供的运营服务全过程进行全面管理的活动。

狭义的服务管理是服务质量管理和服务基础管理的总称,是对运营车厢所提供的服务质量全面管理的过程。包括对车厢服务质量的管理、车辆清洁的管理、站台秩序的管理、专业管理人员的管理、特殊线路的管理。

管理的重点是服务质量的管理,为乘客提供优质服务。

二、服务管理的地位

城市公共交通企业是公益性的服务企业,它的根本任务是以运营服务为中心,组织和经营城市客运交通,为乘客提供安全、方便、迅速、舒适、经济的乘车条件。即城市公共交通企业的运营生产以为乘客提供出行服务为目的,以服务为起点,靠服务为最终体现的运营生产过程本身就决定服务管理在企业管理中的重要地位。

服务管理是城市公共交通企业经营管理的一项重要职能,是确保企业社会效益和经济效益的重要环节。

服务管理的对象主要是运营一线的行车人员和管理人员。

服务管理是城市公共交通企业企业管理的重要组成部分。

三、服务管理的职能

(1)计划职能;
(2)组织职能;
(3)控制职能;
(4)激励职能。

思考与练习

服务管理是什么?

活动二　了解公交服务质量管理及服务质量指标内容

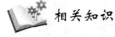
相关知识

服务质量管理是公交企业重要的经营和管理活动,是服务管理的主要工作内容。

一、服务质量管理涵义

公交服务质量是指公交企业在运营生产过程中为乘客提供出行服务的优劣、好坏程度。

公交企业的服务质量,主要表现在为乘客服务当中的物质质量和劳动质量。物质条件是公交服务的基础,物质质量是公交服务质量的重要组成部分。公交服务的劳动质量,是指乘务人员的服务态度能够满足服务对象心理或精神上的需求。在同样的物质条件下,劳动质量的差异,直接影响着服务质量,是决定公交服务质量和水平的重要因素。对企业而言,质量声誉和企业形象是密切相关的,二者可以说是企业的"无形资产"。公交企业形象的树立和传播,由于受服务产品特殊性(无形性,非储藏性)的制约,只能靠公交物质条件的改善和服务人员素质的提高,满足乘客需求来实现。

公共交通服务质量涉及到城市的千家万户和市民出行的切身利益,影响城市公交企业形象和信誉,决定企业社会效益和经济效益。提高服务质量关系到市民的生活、工作,关系到公交企业的生存、发展,也是城市精神文明建设的需要。

1. 服务质量管理

公交企业服务质量,主要表现在为乘客服务中的物质质量和劳动质量。

物质质量包括站务设施、运营车辆等物质硬件设施质量,这些都是必不可少的基础,是公交企业服务质量的重要组成部分。

劳动质量主要是指调度员、驾驶员、乘务员的劳动完成质量,乘务人员的服务态度是否能满足乘客在乘行中的各种需求或需要。

两者缺一不可,即没有物质条件可以通过员工的工作努力适当加以弥补,但有缺憾;有了硬件设施,但没有很好地利用,没有发挥员工积极性,无法保证服务质量。随着人们生活水平的不断提高,随着社会的不断发展,人民对物质精神服务质量的要求在不断提高。

报道1: 当前上海的公交车大都采用人工报站,即每到一站由驾驶员手摁报站器报站,而车辆进、出站往往是路面情况最复杂的时候,驾驶员既要对行驶中的汽车进行起动或制动等操作,同时还要兼顾报站系统的操作,给行驶中的车辆带来一定的安全隐患。有时驾驶员在操作报站系统时还会按错键或忘记按键,这样在调整系统时就会连续报出几个站点,不熟悉路线站点的乘客就容易不知所措。为了弥补这一安全上的隐患和服务中的不足,浦东公交有限公司杨高公交从2012年起更新车辆,2014年10月完成了将1 107辆营运车辆升级为自动报站器的技改工作,成为全市首家营运车辆全部实现智能化自动报站的公交企业。此举大大精简了驾驶员行车报站中的操作步骤,减轻了工作强度,也减少了事故的发生率。

报道2: 为落实上海市建设智慧城市三年行动规划,市交通委积极推进"智慧交通"信息体系建设,不断扩大交通信息覆盖面,并充分发挥智能手机普及面广、使用频率高的特点,相继开发推出"上海公交"、"乐行上海"、"地铁指南"、"交通指数"等手机APP,受到广大市民欢迎。2013年12月,"上海公交"手机APP正式发布。通过与巴士集团、浦东公交等企业深度合作,"实时公交"模块已经实现700余条公交线路的到站信息预报,2014年底前覆盖浦西、浦东公交公司所属的900余条公交线路,2015底前力争基本覆盖全市公交线路。"上海公交"APP发布至今,通过"意见反馈"专栏,听取市民使用感受和建议,不断完善服务功能,深受市民喜爱。此次活动,诚邀广大用户继续对"上海公交"APP开展评议,建言献策。与此同时,市交通委会同巴士集团和SMG旗下公司,共同对部分公交候车亭的电视屏幕进行了试验改建,建设全新"社会公共交通信息发布平台",向乘客发布车辆到站信息和以公共交通为主的社会公共信息。为合理有效利用公交候车亭视屏面积,更好地发挥其作用,设置了三套方案,诚邀市民就播放内容、屏幕功能划分等方面提意见和建议。

公交企业只能通过公交物质条件的不断改善和服务人员素质的不断提高,满足乘客乘行各种需要或需求。

2. 服务质量的监控监督管理

服务质量的监控与监督管理是服务质量管理的主要手段。

(1)服务质量的监控管理的核心是企业通过内部一定组织形式对服务质量信息进行收集、整理、归纳、分析、处理、反馈等。通过对监控信息的分析,对存在的问题查找原因,制定措施,把每次监控到的问题作为服务质量监控的重点。

巴士集团充分延续世博效应,建立长效的劳模先进"啄木鸟"行动机制,通过动员、组织集团内劳模开展跳车检查、服务质量明察暗访、现场交流会等措施,推动了公交线路服务质量的有效提升。服务世博过程中,承担世博园区内外交通营运重任的巴士职工以良好服务赢得赞誉,在世博园区各行业的多次服务测评中,公交均排名前列。世博虽然已经结束,公交服务水准不能下降,巴士集团积极发挥劳模优势,在世博期间已成立的"啄木鸟"劳模行动队的基础上,建立起长效的劳模先进"啄木鸟"行动监督机制,组织集团内劳模先进参与行动,并由全国劳模马卫星牵头,"啄木鸟"们利用业余时间跳车检查、开展现场咨询,随时随地"挑刺"服务质量。同时,劳模们还深入基层参与集团组织的现场交流会,对一线职工服务进行"麻辣"点评。巴士集团在金山区专门召开现场推进会,一台由劳模们自编、自导、自演的小品《差一点》让在场职工眼前一亮。《差一点》生动表现了公交一线职工的日常工作情景,将公交线路存在的各种服务"软肋"融入表演情节中,再由在场司售人员找出不规范的服务细节,生动活泼、寓教于乐的教育辅导活动起到了良好效果。通过一系列举措,巴士公交整体服务质量明显上升,据统计,在2010年下半年的乘客满意度测评中,原先最末排名线路的满意度为74.54分,比上半年提高了13分。

(2)服务质量的监督管理是对乘客批评、建议、意见的管理,是企业利用社会力量对服务质量进行的管理。服务质量的监督渠道有乘客(群众)监督、上级领导(机关)监督、新闻媒体监督、服务热线等。服务质量的监督措施有公布服务监督电话(热线电话)、设置乘客意见箱、设置乘客意见征询台、聘请乘客义务监督员(啄木鸟)、发放意见调查表、与沿线单位开展共建活动、设置投诉接待室、加强同新闻媒体联系、落实批评、指导意见、办理各级人大代表、政协委员建议提案等。

一直以来,部分公交车道口闯红灯、跨线逆向行驶、驾驶员营运过程中吸烟或者使用手机等行为普遍受到市民诟病。上海巴士集团从2012年10月18日起首次开展社会监督有奖投诉活动,市民一旦发现以上行为,可能通过摄影摄像记录下来进行投诉,一经查实可获每起50元的奖励。巴士集团通过调查走访和投诉收集,发现在城市日常交通出行中,不少乘客对公交驾驶员在运营过程中存在的不文明陋习颇有微词,不仅损害了上海的城市形象,更给行车安全埋下了事故隐患。对此,巴士集团在加强内部监控的同时,从2012年10月18日起在下属570余条公交营运线路开展社会监督有奖投诉活动,驾驶员闯红灯、逆向行驶、营运中吸烟或者使用手机等行为都被列入投诉范围。巴士集团负责人表示,针对本次活动,集团将成立受理市民投诉的办公室并将长期实行。从18日起将正式开始,投诉以第一举报人为主,一经查实,将给予投诉人每起50元的奖励。在企业的管理过程中,光靠自身的监查是不够的,这次的活动就等于是出钱买意见。刚开始,相关的投诉可能会多一点,集团将拿出决心来整改,也不惧怕一些职业投诉人,相信不久之后,此类投诉将会越来越少。

2011年04月上海申崇线发生多起事故之后,巴士崇明分公司已撤换相关负责人。申崇线的所有公交车均将安装限速器。同时,乘客如果发现公交车有抢道、闯红灯等不规范行车,可拨打服务热线63115711投诉。由于客流增加等多方面原因,申崇线从2009年开通时的2条线,发展到现在的6条线。让人忧虑的是,2011年,该线路已发生了多起事故。最近一起,更是造成2人死亡多人受伤的严重后果。巴士公司开始对申崇线的运营进行整改。"已将分公司领导进行了更换。"上海巴士公交(集团)负责人表示,所有车辆都将加装限速装置,时速不得超过80km。此外,一旦发现驾驶员有不规范行为,将立即暂停其驾驶资格,重新培训合格后才能重新上岗。同时,车队内部已经制订了驾驶员上班前调度室签到制度,利用这个机会,调度室工作人员可以观察驾驶员的气色、心理状态等,如遇熬夜未休息好的情况,则立即阻止驾驶员出车。另一方面,加强现场管理,对雨天、雾天等特殊气候情况及时提醒驾驶员。

服务质量的监督管理是与服务质量的监控管理相辅相成的,是公交服务质量管理的重要组成部分。

二、服务质量的基本要求

安全、迅速、方便、准时、舒适、经济。

(1)安全是服务质量的重要内容,是做好服务工作的前提,包括行车安全、设备安全、乘坐安全、财务安全、行车人员自身安全。

(2)迅速是乘客的基本需求,应最大限度地节省乘客的出行时间。

(3)方便既是乘客的基本需求,也是公共交通服务质量的重要内容,主要包括线网密度与布局合理,站点设置方便换乘等。

(4)准时是乘客的基本需求,但因受自然气候、道路交通状况的制约,准时只是相对的,这要求准时发车,特别是首末班车发车时间确保准时,运行中尽量减少停站时间。

(5)是指为乘客提供服务,应该尽量满足乘客对乘车物质要求和精神需求。

(6)经济和公交性质密切相关,一般采取低票价政策。

三、服务质量管理的意义

(1)加强服务质量管理,可使乘客受益。

(2)加强服务质量管理,可促进城市精神文明建设。

(3)加强服务质量管理,推动公交企业进步的必要条件。

四、服务质量管理的内容

(1)线网站点布设;
(2)车辆配备;
(3)运营调度;
(4)行车服务;
(5)票务工作。

五、公交服务质量指标管理

服务质量指标是检验和衡量服务性行业服务质量优劣尺度,是考核企业经营成果、工作效率、评价职工生产业绩的主要依据。直接反映公交运营服务生产全过程的质量状况。

1. 服务指标确定

服务指标应当具有专业性、科学性、权威性。

服务指标的专业性是指指标的确定必须符合服务专业管理的特点,服务专业管理的重点是对车厢、站点服务中的人和事进行管理。

服务指标的科学性是指指标的确定必须符合服务管理的客观实际,服务指标的内容确定要完善合理,量化的指标与服务水平适应。

服务指标的权威性是指服务指标一经确定,必须严格执行,不得随意更改。

2. 服务指标内容

服务专业指标的内容,根据服务专业管理的范围可分为服务管理指标和服务考核指标。管理指标是衡量专业基础管理工作质量状况的统计指标,服务考核指是检验为社会提供服务"产品"的质量指标。

3. 服务管理考核指标

（1）服务规范执行率

按照服务管理对象的划分，分为车厢服务规范执行率和站点服务规范执行率。

（2）车厢清洁合格率

反映运营车辆清洁卫生的质量标准，可以按车厢清洁项次和车厢清洁车次进行考核。

（3）乘客投诉率

该指标是考核公交服务质量水平，评价公交综合服务质量的重要指标。

（4）服务纠纷件次

按性质可分为一般服务纠纷和恶性服务纠纷。企业应严格控制恶性服务纠纷的件次。

4. 服务指标评定

服务指标的评定就是对服务指标进行判别，一般说，服务指标的评定标准就是服务规范。在服务指标评定中，乘客的满意度是一个重要标准。企业应该关注乘客投诉问题。乘客投诉按性质分为一般投诉和严重投诉。服务纠纷也是反映服务质量问题的重要标志，是服务指标考核的重点控制指标。

六、公交服务质量指标

1. 高断面车厢满载率（高峰小时与非高峰小时）

高断面车厢满载率，是反映一定时间内，车辆通过线路高断面时的平均满载程度。它是评价运能与运量相适应程度的一项重要服务质量指标。

"三高"资料主要指高峰小时、高单向、高断面的相关资料。

高峰小时：一般可分为早高峰 7:00～9:00，晚高峰 17:00～19:00。

$$高断面车厢满载率(\%) = \frac{单位时间高断面车厢载客人数之和}{通过车辆车容量之和} \times 100\%$$

车厢满载定额见表 2-1。

车 厢 满 载 定 额　　　　　表 2-1

路　　线		车厢平均满载程度	
		有人售票路线	无人售票路线
市区路线	高峰小时高单向高断面 ≤	80%	70%
	非高峰小时高单向高断面≤	65%	60%
郊区路线	高峰时段　　　　　　　≤	80%	
	非高峰时段　　　　　　≤	60%	

2. 行车准点率（包括起讫站准点率、中途站准点率）

行车准点率是反映一定时间内，运营车辆按规定时间运行的准点程度，是准点运行车次数与全部运行车次数之比。

$$行车准点率(\%) = \frac{准点运行车次数}{全部运行车次数} \times 100\%$$

正点行车要求见表 2-2。

正 点 行 车　　　　　　　　　　　　　　表 2-2

路线	要　　求	准时标准	目标值
常规路线	正点运行、均衡运行,要求做到中途准、到达准	快1、慢3	≥90%
夜宵路线	严格按计划时刻运转,途径各站点时刻必须准时	快0、慢1	≥98%

3．高峰小时高断面重点站留站率

该指标是反映一定时间内,乘客候车时间长短的一项重要服务质量指标,是一定时间内观测留站班次与通过班次之比。

$$留站率(\%) = \frac{观测留站班次数}{观测通过班次数} \times 100\%$$

$$乘客平均候车时间 = \frac{行车间距}{2}$$

乘客候车时间及要求见表2-3。

乘 客 候 车 时 间　　　　　　　　　　　　　　表 2-3

时　段	要　　求
早晚高峰时段	乘客候车做到留一不留二(二车净)
其他时段	乘客候车做到车过客净(一车净)

注：1．留一不留二：高峰小时乘客候车时间力争不超过两个行车间隔时间,即二车净。
　　2．车过客净：非高峰小时乘客候车一车净。

4．线路行车大间隔发生率

指线路营运过程中发生行车大间隔的次数与同期实际营运班次之比。

$$行车大间隔发生率(\%) = \frac{行车大间隔发生次数}{同期实际营运班次数} \times 100\%$$

思考与练习

为什么说企业的服务质量是企业的"无形资产"？

活动三　了解公交服务基础管理

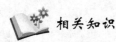相关知识

一、服务基础管理的作用

(1) 为服务质量管理提供各种数据分析、管理信息和参考资料。
(2) 制定、修改、完善各项管理规定、管理制度、考核标准,使管理更加规范科学。
(3) 为企业落实管理责任制,提供计算、考核的依据。
(4) 为企业实行现代化的管理,提高服务管理水平创造条件。

二、服务基础管理的内容

(1) 指标管理工作；
(2) 标准化工作；

(3)建章建制工作;
(4)基础教育工作;
(5)资料信息工作;
(6)计量工作。

三、服务专业管理人员基本素质

(1)思想素质是服务专业管理人员的政治条件。
(2)文化素质是提高管理效能的基础。
(3)业务素质做好服务管理工作必须掌握与职责相关的服务专业知识。
(4)管理素质是指管理者为完成所担负的工作任务必须具备的能力,需要管理者必须具有目标管理、系统管理、规范管理等管理素质。

思考与练习

如何理解服务基础管理工作是整个服务管理工作的基础?

活动四 熟知公交行车服务

 相关知识

行车服务工作即行车人员(驾驶员、售票员)的服务操作工作,是公交运营服务管理的一个重要方面。行车人员的服务工作质量对运营服务质量起着相当重要的作用。服务的优劣给乘客以直接的感觉。

一、行车服务的内容

行车人员的基本职责:
(1)礼貌服务,文明待客。
(2)安全操作,关心乘客。
(3)督促刷卡和投币。
(4)做好车辆清洁,保证标志齐全。

二、行车服务的管理

(1)加强对全体行车人员的服务思想教育。
(2)组织业务辅导,提高服务本领。
(3)健全和落实必要的规章制度。

三、行车服务质量的检查和考核

1. 检查
专业人员的检查,干部现场检查,各级管理机构的统计报表、来自乘客的批评等。
2. 考核
考核各级行政组织,考核专职质量管理与检查人员,考核行车人员。考核要与经济责任制挂钩,列入个人和集体奖惩考核,并作为评先评优和其他考评工作的依据。

活动五 熟悉安全管理的内涵

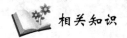
相关知识

一、基本概念

1. 安全

可归纳为两种,即绝对安全观和相对安全观。

绝对安全观——安全指没有危险,不受威胁,不出事故,即消除能导致人员伤害、发生疾病、死亡或造成设备财产破坏、损失以及危害环境的条件。绝对安全观在现实生产系统中是不存在的,它是安全的一种极端理想状态。由于绝对安全观过分强调安全的绝对性,使其应用范围受到了很大的限制,因此产生了与其相对应的人们现在普遍接受的相对安全观。

相对安全观——安全是相对的,绝对安全是不存在的。"安全就是被判断为不超过允许极限的危险性,也就是指没有受到损害的危险或损害概率低的通用术语"。"所谓安全系指判明的危险性不超过允许限度"。

安全是在具有一定危险性条件下的状态,安全并非绝对无事故;事故与安全是对立的,但事故并不是不安全的全部内容,而只是在安全与不安全这一对矛盾斗争过程中某些瞬间突变结果的外在表现;安全不是瞬间的结果,而是对系统在某一时期、某一阶段过程状态的描述;这里所讨论的安全是指生产领域中的安全问题,既不涉及军事或社会意义的安全与保安,也不涉及与疾病有关的安全;构成安全问题的矛盾双方是安全与危险,而非安全与事故。因此,衡量一个生产系统是否安全,不应仅仅依靠事故指标;不同的时代,不同的生产领域,可接受的损失水平是不同的,因而衡量系统是否安全的标准也是不同的。综上所述,安全是指在生产活动过程中,能将人或物的损失控制在可接受水平的状态,也就是说,安全意味着人或物遭受损失的可能性是可以接受的,若这种可能性超过了可接受的水平,即为不安全。

2. 危险性

危险性是指接触某一种污染物时,发生不良效应的预期频率。危险性是个统计学概念,可表达为绝对危险性和相对危险性。绝对危险性指接触某种污染物所致的不良反应的净增危险性。相对危险性指接触的人群发生不良反应的危险性与未接触人群危险性的比值。对于某特定条件下接触某外来化合物的人群危险性评价是环境毒理学的重要任务。

3. 安全性

从系统的安全性能讲,安全性为衡量系统安全程度的客观量。与安全性对立的概念是描述系统危险程度的指标——风险。假定系统安全性为 S,危险性为 R,则有 $S = 1 - R$。R 越小,S 越大,反之亦然。若在一定程度上消减了危险因素,就等于创造了安全条件。

4. 事故

事故是发生于预期之外的造成人身伤害或财产或经济损失的事件。

事故是发生在人们的生产、生活活动中的意外事件。事故是人(个人或集体)在为实现某种意图而进行的活动过程中,突然发生的、违反人的意志的、迫使活动暂时或永久停止、或迫使之前存续的状态发生暂时或永久性改变的事件。事故的含义包括:

(1)事故是一种发生在人类生产、生活活动中的特殊事件,人类的任何生产、生活活动过程中都可能发生事故。

（2）事故是一种突然发生的、出乎人们意料的意外事件。由于导致事故发生的原因非常复杂，往往包括许多偶然因素，因而事故的发生具有随机性质。在一起事故发生之前，人们无法准确地预测什么时候、什么地方、发生什么样的事故。

（3）事故是一种迫使进行着的生产、生活活动暂时或永久停止的事件。事故中断、终止人们正常活动的进行，必然给人们的生产、生活带来某种形式的影响。因此，事故是一种违背人们意志的事件，是人们不希望发生的事件。

事故是一种动态事件，它开始于危险的激化，并以一系列原因事件按一定的逻辑顺序流经系统而造成的损失，即事故是指造成人员伤害、死亡、职业病或设备设施等财产损失和其他损失的意外事件。事故有生产事故和企业职工伤亡事故之分。生产事故是指生产经营活动（包括与生产经营有关的活动）过程中，突然发生的伤害人身安全和健康或者损坏设备、设施或者造成经济损失，导致原活动暂时中止或永远终止的意外事件。

5. 隐患

隐患就是在某个条件、事物以及事件中所存在的不稳定并且影响到个人或者他人安全利益的因素，它是一种潜藏着的因素，"隐"字体现了潜藏、隐蔽，而"患"字则体现了祸患，不好的状况。隐患可存在于许多事情中。隐患是事故发生的必要条件，隐患一旦被识别，就要予以消除。对于受客观条件所限，不能立即消除的隐患，要采取措施降低其危险性或延缓危险性增长的速度，减少其被触发的机率。

（1）安全与危险是一对此消彼长、动态发展变化的矛盾；

（2）描述安全与危险的指标分别是安全性与危险性（风险），二者存在以下关系：

$$安全性 = 1 - 危险性$$

（3）事故与安全是对立的；

（4）系统处于安全状态并不一定不发生事故；

（5）危险不仅包含了作为潜在事故条件的各种隐患，同时还包含了安全与不安全的矛盾激化后表现出来的事故结果。

事故总是发生操作现场，总是伴随隐患的发展而发生在生产过程中，事故是隐患发展的结果，隐患是事故发生的必要条件。

二、安全管理的涵义

安全行车是公交企业的基本任务之一。

安全管理是在一定的环境和条件下，管理主体为了达到安全行的目的，用一定的职能和手段，对管理客体施加影响和进行控制的过程。

安全管理的目的是管理者根据客观条件，通过一定的方式，所要实现的安全行车的良好愿望或预期达到的安全行车的结果。为了实现安全管理的目的，企业的安全管理部门要承担如下任务：一坚持预防为主的方针，探索行车规律，制订预防措施，开展安全教育，分析典型案例，总结先进经验，组织岗位练兵，关心驾驶员、售票员生活；二发挥监理作用，加强安全检查，对威胁安全行车的薄弱环节进行认真检查、重点监理；三建立群防群治的安全组织，开展形式多样、生动活泼的安全活动；四健全安全管理工作制度，制定和落实安全行车的各项规章制度；五处理行车事故。

安全管理目的决定安全管理职能的确定。在安全管理实践活动中，安全管理组织具体的管理职能包括计划、组织、协调、控制和激励。

三、安全管理的基本职责

安全管理的职责就是对整个安全行车的情况进行管理,要求安全管理者在其管辖的组织中,要管好事,管好人,还要承上启下。

(1)成为行车安全管理目标的提出者;
(2)成为行车安全管理活动的组织指挥者;
(3)成为行车安全管理过程的协调者;
(4)成为行车安全管理过程的监督者。

四、安全管理的基本方针和任务

城市公共交通企业安全管理工作的指导方针是:安全第一、预防为主、从严管理、抓好落实。

安全管理的任务是:认真贯彻上级有关交通安全的方针、政策、法令、法规和规章制度;结合本单位实际,制定保证行车安全的规章制度和实施细则;抓好安全教育和专业培训;开展安全行车竞赛和安全检查活动,搞好事故的预防;做好交通事故的处理;提出加强安全行车管理工作的意见和建议;完成各项安全行车任务和指标。

活动六 驾驶员与行车安全

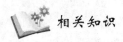

相关知识

一、驾驶员在道路交通系统中的作用

统计数据表明,驾驶员是预防和减少交通事故的主要群体;在诸多因素中,驾驶员与行车安全问题最为突出。驾驶员是动态交通系统的信息处理者和决策者,驾驶员是道路交通系统的调节者和控制者。人—车系统中任何一个环节出现故障,都会给生命财产和物质财产带来巨大损失的。

二、驾驶员的素质及影响安全的因素

行车安全的首要因素,取决于驾驶员是否具有良好的素质。驾驶员的素质主要是指先天的交通特性和能力,主要包括身体素质、性格素质和技术技能;驾驶员要做到安全行车,要从提高身体素质着手,要克服不利于安全驾驶的弱点、增强身体素质、提高性格修养、提高驾驶技术、增强应变能力。

从确保安全行车出发,驾驶员良好的身体素质包括良好的视力、良好的心血管系统、良好的肠胃功能、良好的耐力和支撑力;不同性格的驾驶员在驾驶操作上有不同的特点,作为驾驶员,应针对自身的性格特点,平时有意识地进行气质性格的培养和锻炼,扬长避短,发扬积极的一面,适应安全行车的需要;驾驶技术的高低是衡量驾驶员素质水平的重要标志,表现在扎实的操作基本功、良好的车感、准确的判断力、良好的应变能力。

三、驾驶员应具备的能力

在影响安全的诸多的因素中,驾驶员与行车安全的关系尤为突出。一名合格的驾驶员,

应具备一定的能力。
(1) 灵敏而准确感知能力；
(2) 良好的注意力；
(3) 良好的记忆力；
(4) 思维判断能力；
(5) 迅速、准确的动作反应能力；
(6) 周密的观察能力；
(7) 适应能力；
(8) 情绪的自控能力；
(9) 坚强的意志力；
(10) 独立的创造能力；
(11) 熟练的操作能力。

四、驾驶员素质

行车安全的首要因素，取决于驾驶员是否具有良好的素质。驾驶员的素质主要包括身体素质、性格素质、技术技能。

五、驾驶员的教育

(1) 职业道德规范；
(2) 法制安全观念。

知识拓展

1. 公交车驾驶员边开车边玩手机 QQ 被停职

一名公交车驾驶员在行驶途中，一边开车一边玩手机 QQ，置整车乘客的生命安全于不顾。视频内容显示，一名男性公交车驾驶员一边开车一边用手机上 QQ 聊天。只见这名驾驶员右手把方向盘，左手时不时拿出手机查看，还单手按键盘发送信息。在这段长达 5min 的视频中，"嘀嘀嘀"的 QQ 提示音始终响个不停。从视频上看，当时车辆正在行进中，车上有不少乘客。据网友介绍，这段视频是在 2011 年 11 月 22 日下午 1 时许拍摄的，当时他正乘坐×××路公交车，车上还有 20 多名乘客，没想到却看见驾驶员一心二用玩起了手机 QQ。他觉得存在极大的安全隐患，遂拍下了这段视频。昨天，记者致电×××路公交车所属公司，公司非常重视，立即查看了网友上传的视频，并找到当事驾驶员了解详情。随后，公司方面回复记者称，网友反映的情况属实，根据相关规定，公司已对这名驾驶员做出了停职处理。相关负责人还表示，根据公司服务规范，在行驶中玩手机的行为是绝对不允许的，即使是停车等红灯期间也不可一心二用。开车玩手机是对乘客安全不负责任的行为，他们会继续加强对驾驶员的教育。

2. 公交车"电子警察"构筑安全营运网

为确保城市公共交通营运的安全有序，上海市从 2009 年 9 月开始，对新投放的公交车辆按照统一标准安装车载 DVR 视频监控系统，同时在相应涉博公交线路上加装车载 DVR 视频监控系统。车载 DVR 视频监控系统可观察到车厢及前后门等位置的情况，还可将公交驾驶员的操作尽收眼底，同时可留下清晰的画面，将采集到的视频和音频信息记录保存(15

天),并可通过无线实时传送到公交监控指挥中心,方便事后取证,对发生在车内的违法犯罪行为起到了有效的威慑和控制作用。

3. 宝山巴士公交酒精测试仪覆盖所有派班室

不少驾驶员有一个误区,以为前一天晚上喝了酒,到第二天早上,应该没事了,其实不少人血液中还是会酒精含量超标。2011年8月,宝山巴士公交公司一位驾驶员早上上班时,与路人发生争执。围观的人闻到驾驶员身上有酒气,马上报警。经调查,这位驾驶员是前一天晚上喝的酒。最后,驾驶员因为酒后驾车,被公司开除。据介绍,宝山巴士公交的驾驶员实行做一天休一天的制度,一些驾驶员会在休息天的晚上喜欢喝点酒,而这极易导致第二天驾驶员带着"隔夜酒"上岗,为安全运营埋下了"地雷"。为了杜绝此类情况的再次发生,公司马上购买了一批酒精测试仪,放置在公司所属的20个停车场的派班室。由专人对早出场的驾驶员进行友情提示,告知昨夜喝过酒的驾驶员进行酒精测试。一旦发现超标,责令其马上停驶休息。现在,喝过"隔夜酒"的驾驶员早上通过酒精测试仪测试酒精含量,已经成为上岗前的一种习惯,公司也建立了相关的制度。通过严格各种安全运行制度,宝山公交的安全运行远高于行业水平,2012年公司已安全运行近6 000万km,几无重大事故。

4. 有奖投诉让申城公交更规矩

据报道,闯信号、违章变道及行驶中吸烟或接打手机等顽症陋习正在逐步改观,自2012年10月巴士集团推出针对部分驾驶员违法违章行为有奖投诉活动至今,已受理核实确认并兑现奖励10起,其中投诉闯红灯7起,投诉使用手机3起,有奖活动得到市民广泛认同。同时,巴士公交驾驶员交通违法率为0.4‰,低于上海公交行业0.19‰。2012年上海公交行业乘客满意度指数测评,巴士集团乘客满意度指数处于行业第一。据悉,近两年来,巴士集团针对企业、线路和个人推出了一系列激励机制,进一步强化安全责任意识,大大减少了违章发生率。2011年10月,巴士集团在下属580条公交线路中开展等级线路评定,在全国公交行业首推等级线路激励机制,所有营运线路评定设一等级线路、二等级线路和三等级线路,奖励标准为一级线路每人400元,二级线路每人300元,三级线路每人200元,每个等级都设定规范的评定标准,一个驾驶员发生违法违章行为或重大行车事故将影响到整个线路团队的等级评定。2012年12月,巴士集团推出新的奖励措施,将驾驶员累计安全公里从5万~100万km划分为20个等级段进行递增奖励。从2013年1月1日起,巴士集团全面实施公交驾、乘、调岗位级别评定,驾驶员岗位级别评定设一级、二级、三级、四级、五级、特级等6个级别,提升公交驾驶员服务意识,增强规范操作的自觉性。

活动七　道路与行车安全

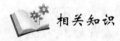相关知识

一、路面与行车安全

路面是交通流物质基础,路面质量的好坏直接影响行车安全,即路面的强度、平整度、粗糙度、最小动态空间直接影响行车安全。

二、道路线形与行车安全

从平面看,它是由直线、圆曲线和缓和曲线构成;从纵面看,它是由直线、纵断曲线构成。

道路线形设计对交通安全、通行能力、交通容量、行车速度、运行费用都有很大的影响。道路线形设置应考虑行车安全,宜直则直,宜曲则曲,过多设置曲线或长直线,都可能不利行车安全。另外,道路的横断面对行车安全、道路的交叉口对行车安全都有直接的影响。

活动八　环境与行车安全

一、交通环境关系图分析

道路交通是由人、车、路、环境要素组成的复杂动态系统。构成道路交通的诸要素在一定时间、空间范围内的劣性组合是造成交通事故的原因,而导致诸要素的劣性组合既有驾驶员操作技能、道路条件、汽车安全性能等方面的原因,还有交通环境方面的原因,见图2-16。

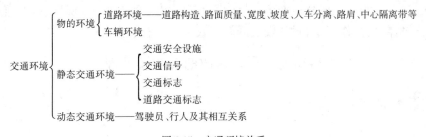

图2-16　交通环境关系

二、气候环境与行车安全

城市公共交通运营的服务特点,要求驾驶员能在不同的气候条件下安全驾驶车辆,完成任务。

1. 雨天与行车安全

雨天对驾驶员行车的影响有:一是地面湿滑,要求驾驶员提前采取制动措施;二是驾驶员视线受到来自各方面的严重干扰;三是道路上其他交通参与者行为异常带来的影响。

2. 雾霾天与行车安全

雾霾天能见度低,驾驶员看不清运行前方和周围的交通情况,另外,雾霾天道路容易湿滑,制动距离增加,极易发生交通事故、交通险情。

3. 雪天与行车安全

下雪天驾驶员视线受影响较大,能见度减低,制动距离增加,车辆易溜滑,道路上的其他交通参与者交通行为的改变,如行人怕滑倒,行进速度缓慢,自行车容易横滑而慢行。

三、管理与行车安全

加强安全行车管理,是城市公共交通企业永恒的主题,科学管理既包括外部的管理环境,也包括企业内部的管理环境。外部安全管理环境主要指交通管理环境,内部安全管理环境主要指企业运营生产过程中对行车安全管理具有直接影响作用的企业内部环境。

1. 交通管理环境与行车安全

古语说得好:"法乎其上,得乎其中;法乎其中,得乎其下"。交通行为只有严格执法,才能规范。在目前城市道路增长远远赶不上机动车增长的情况下,往往导致交通秩序混乱,交通堵塞严重,导致驾驶员情绪上的波动,进而导致驾驶员操作上的变形和处置交通情况的盲目,最终发生行车事故。严格执法,要求交通参与者各行其道,享有平等的权利和义务,从而交通秩序明显好转,交通事故明显减少。

2. 企业管理环境与行车安全

加强行车安全管理和提高企业社会经济效益、减亏增收,是城市客运交通企业的两大重要任务,只有保证安全了,企业才能获得经济效益。

安全管理是一门科学,抓好驾驶员的经常性教育,用安全行车的科学知识武装驾驶员头脑,做好行车事故预防工作,最大限度减少行车事故。

城市公共交通企业的安全管理是实现企业方针,实现安全、迅速、方便地将乘客送达目的地这一运营生产目标的活动过程,没有科学的管理或管理不到位,就很难实现这一目标。其中对安全管理工作的认识片面性、重事故处理、轻预防教育的倾向,使专业人员自身的管理能力处于低水平状态;安全专业人员本身不认真钻研、学习安全工作的理论和知识,只知其一,不知其二,不能深入地分析产生事故的主客观原因,没有很好地吸取教训;管理人员自身不能严格自律,模范作用差,对驾驶员的教育效果十分有限。

活动九　行车事故的预防及处理

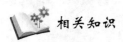 相关知识

一、行车事故的预防

车辆、驾驶员和道理交通环境是引起行车事故的三大基本因素。预防行车事故,就是要针对引起事故的三大基本因素,应用现代科学技术手段,采取积极有效的预防和综合治理措施,强化人、车、路、环境各个环节的管理,才能有效地减少行车事故。预防工作的措施、方法包括保护性预防、疏导性预防、限制性预防、控制性预防、惩戒性预防。行车事故的预防有:加强安全教育,树立安全第一观念;加强法纪教育,自觉遵章守纪;加强各类培训、提高驾驶员品质素质;健全组织机构,加强安全管理;做好了解人、关心人的工作。

驾驶员发生行车事故的一般规律为:脾气急躁的驾驶员事故发生率高;驾龄为3~6年的驾驶员事故发生率高;有思想情绪的驾驶员事故发生率高;道路条件好事故发生率高;有责事故的发生与违法违章密切相关。

二、行车事故的处理

行车事故最主要的是现场勘查,事故分析,善后处理。

1. 行车事故定义、分类、报告制度

车辆在动态中,由于驾驶员违反交通规则,操作不当,机件失灵或其他因素而发生的车辆碰、擦、侧、翻或急制动等造成车内、外人身伤亡及财物损失之一者,均为行车事故。

行车事故从责任上可划分为全部责任、主要责任、同等责任、次要责任、无责任五种。行车事故从性质上可分为小事故、一般事故、大事故、重大事故四种;客伤事故可分为小事故、一般事故、重大事故三种。

凡发生行车事故,安全管理人员必须及时赶赴现场,掌握情况,妥善处理,并向有关方面报告事故情况;凡发生大事故、重大事故,还应向公司安全管理部门和有关领导报告。

2. 行车事故现场勘查

现场勘查必须及时、全面、细致、周到。现场勘查有一定的程序。

3. 行车事故定论

事故原因大致有：

(1)反应迟缓；

(2)判断失误；

(3)操作不当。

4. 行车事故善后处理

在行车事故处理中，善后处理所用的时间占相当大的比例，而且这部分工作主要由肇事单位负责完成的。

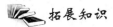拓展知识

一、车站大客流的组织

1. 大客流

大客流是指车站在某一时段集中到达的，客流量超过车站正常客运设施或客运组织措施所能承担的流量时的客流，见图2-17～图2-19。

图2-17　车站大客流(一)　　　　图2-18　车站大客流(二)

短期性的客流骤增往往在大型文体活动散场时或重要节假日期间发生。主要表现为：非常拥挤或极度拥挤、乘客流动速度明显减缓、客流交叉干扰严重等。因此，大客流对乘客的出行造成不利影响，对运营安全造成了较大威胁。

2. 大客流的分类

根据大客流产生的影响和后果不同，可分为一级大客流和二级大客流。

(1)一级大客流。一级大客流的判定标准：各

图2-19　车站大客流(三)

车站根据本站的正常乘客数量进行比较，站台聚集人数达到或大于站台有效区域的80%，并且持续时间大于实际行车间隔时间。这种情况给乘客及轨道运营安全造成影响，存在明显的安全隐患。

(2)二级大客流。二级大客流的判定标准：各车站根据本站的正常乘客数量进行比较，站台聚集人数达到站台有效区域的70%，并有持续不断上升的趋势。这种情况下，乘客的正

常出行和轨道交通所提供的服务水平受到一定程度的影响,车站比较拥挤,乘客感觉比较压抑,但尚未对乘客及轨道交通运营安全造成影响。

3. 车站大客流组织的影响因素

(1) 车站出入口及通道的设置。
(2) 站厅的面积。
(3) 站台的面积。
(4) 楼梯与通道的通过能力。
(5) 自动售检票设备的通过能力。
(6) 列车输送能力。

4. 车站大客流的组织原则

(1)"由下至上、由内至外"的客流控制原则。在车站出入口、进站闸机、站厅与站台的楼梯、电扶梯处进行重点控制进站客流,组织乘客上车,保证客流均匀上下扶梯和尽快上下列车,保证站台候车的安全。

(2) 明确客流控制组织机构分工原则。客流控制组织机构可分为:点控和线控。控制指挥中心负责地铁全线的客流控制,车站站长或值班站长负责本站的客流控制。

(3) 坚持集中领导、统一指挥的原则。车站在实施大客流控制之前,须向行调报告。

根据各城市轨道运营单位的具体情况制订大客流控制的具体措施,以保证控制客流的顺利实施,如:

(1) 控制站台客流,控制点在站厅与站台的楼梯(或自动扶梯)口。车站应将站厅与站台之间的自动扶梯改为向上方向,避免客流交叉。

(2) 控制付费区客流,控制点在进站闸机处。车站可根据实际情况适当关停部分自动售票机,进站闸机关停或将部分双向闸机设为只出不进,紧急情况下可以采用隔离带、铁马隔离进站闸机以减缓乘客进入付费区的速度,防止付费区压力过大。

(3) 控制非付费区客流,控制点在车站出入口处。车站组织人员人为的控制出入口的乘客进站速度,必要时可关闭部分出入口。

5. 车站大客流的组织措施

大客流的组织应在保证疏散客流安全的前提下,尽快地疏散客流。

大客流组织的主要措施包括:

(1) 增加列车运能

根据大客流的方向,在大客流发生时,利用就近的折返线、存车线,组织列车运行方案,增加列车运输能力,从而保证大客流的疏散。因此,增加列车的运能是大客流组织的关键。

(2) 增加售、检票能力

售、检票能力是大客流疏散的主要障碍,因此,车站在设置售、检票位置时应考虑提供疏散大客流的通道。在大客流疏散时,可采取事先做好票务服务及相关服务设备设施的准备工作。

具体工作有:

(1) 售检票设备的准备。在大客流发生前,设备维护人员应事先对车站全部售检票设备进行维护、检修,确保在大客流时,售检票设备能正常使用。

(2) 车票和零钞的准备。车站应根据客流预测和以往大客流所消耗的车票及零钞数,在大客流发生前,向票务部门申领和储备充足的车票(应急票)和零钞。

(3) 临时售票亭的准备。车站根据大客流的进出方向,选择在进站客流较集中的位置,设置临时售票亭。站厅面积较小的车站,可考虑将临时售票亭设置在进站客流较多的通道内。

(4)自动扶梯和垂直电梯的准备。车站应事先通知厂商对车站全部自动扶梯和垂直电梯进行维护、检修。重点检查自动扶梯的毛刷、梳齿板和扶手带,确保在大客流三级控制时,自动扶梯能正常开启转换。

(5)临时导向标志和隔离设备的准备。车站应储备一些临时导向标志、告示牌和铁马、伸缩铁围栏、隔离带等隔离设备,在大客流发生前,车站根据大客流的进出方向和客流组织的要求,选择适当的位置张贴和摆放临时导向标志、告示牌和隔离带、伸缩铁围栏、铁马。

(6)其他客运设备设施的准备。大客流发生前,车站还应准备人工语音广播和语音合成广播词、乘客资讯系统发布信息及急救药品、担架等,并根据车站工作人员的情况,相应增加手提广播、对讲机等客运设备。

总结归纳如下:

(1)增加列车运能;

(2)增加售检票能力;

(3)做好进站客流组织工作;

(4)做好出站客流组织工作;

(5)采取临时疏导措施;

(6)特大客流应急措施。

6.车站大客流组织应急预案

各城市轨道交通运营企业制定的大客流组织应急预案各不相同,大致内容及程序如下:

(1)值班站长及时报告行车调度员,行车调度员通过监控系统加强对车站客流情况的监控。

(2)车站应加强现场的疏导工作,增加工作人员,利用隔离带、铁马做好秩序维护和服务组织工作。

(3)车站应在适当位置增设临时售票点,出售预制票、避免TVM前乘客排长队购票的情况出现。

(4)车站根据现场情况,利用告示牌、临时导向标志、车站控制室广播设备、手提广播,适时做好乘客的宣传、引导工作。

(5)车站行车值班员应通过监控系统,加强对现场情况的监控工作。

(6)车站应加强对出入口、站厅、站台客流的监控及疏导,避免站厅非付费区内人员过度拥挤或流通不畅。

(7)车站应根据客流情况,实行楼梯和自动扶梯、闸机、出入口三级控制。

(8)当站台发生拥挤时,车站应采取关闭部分自动售票机、进站闸机的措施,以减缓乘客购票进站速度,控制进站客流,或在某些出入口实行单向疏导方式,缓解站内客流压力。

(9)站台保安应密切注意站台和列车情况,一旦发生列车上乘客拥挤,乘客上车有困难时,车站应立即向控制指挥中心请求加开列车。

(10)列车驾驶员发现有乘客上不了车或影响车门、屏蔽门关闭时,应及时报告行调,并通过广播引导乘客有序上车。

二、城市轨道交通运营安全的影响因素

运营安全的影响因素见图2-20。

(1)运营安全影响因素间的关系;
(2)运营安全对不同人员的素质要求(图2-21);
(3)影响运营安全的环境因素(图2-22);
(4)影响运营安全的管理因素(图2-23)。

为保障城市轨道交通运营安全的措施见图2-24~图2-28。

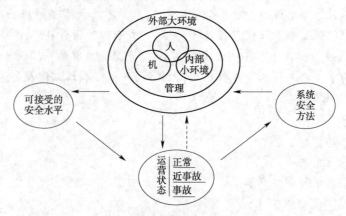

图2-20 运营安全的影响因素

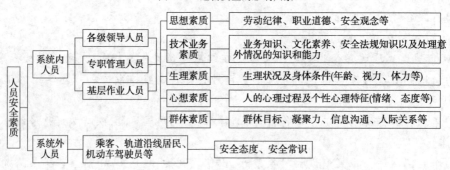

图2-21 人员安全素质

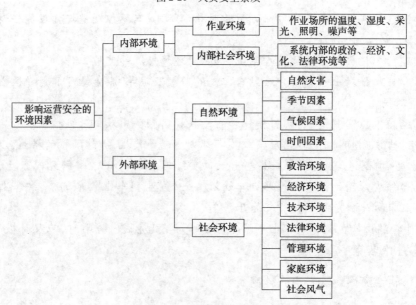

图2-22 影响运营安全环境因素

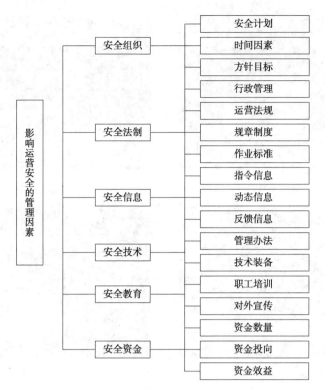

图 2-23 影响运营安全管理因素

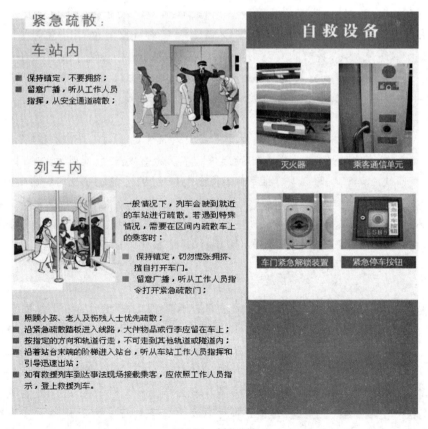

图 2-24 紧急疏散

图 2-25　紧急停车按钮

图 2-26　疏散门

图 2-27　严禁携带进站上车的危险品

图 2-28　专业防爆桶

(5) 应急通信系统

应具备无线电通信设备和有线通信紧急电话，车站工作人员和城市轨道交通驾驶员可通过无线系统或有线电话，站台内的 CCTV 视频传输系统向控制中心传递事态信息。车站内应装设全方位的监视器，实时收集站内各方位视频信息，避免出现有城市轨道交通发生火灾、爆炸、毒气等紧急事件而控制中心不知情的情况。列车上还应配备有紧急报警按钮，发生火灾爆炸等意外事件时，乘客可迅速按压此按钮通知驾驶员。

(6) 应急方案的制订

事故和灾害是难以根本杜绝的，必须高度重视应急预案的制订。"预防为主"是城市轨道交通安全正常运营的原则，凡事预则立，不预则废。不同的事故，应急处理方法不同。只有事先制订多套突发事故应急预案，增强突发性事件的应急处理能力，才能把事故与灾害所造成的人员伤亡和财产损失降到最低程度。迅速的反应和正确的措施是处理紧急事故和灾害的关键。

应急预案是对日常安全管理工作的必要补充。主要内容包括：指挥系统组织构成、应急装备的设置（主要包括报警系统、救护设备、消防器材、通信器材等）和事故处理与恢复正常运行。

图 2-29　模拟火灾发生状况

(7) 定期演练机制

对紧急状况进行定期演练，可以使人们对危险因素保持长时间的警觉性，增强全员安全生产意识，提高操作的熟练性，保持对紧急状态的敏感性及处理问题的正确性，使城市轨道交通运营系统长时间保持人物、环境的相互适应、相互协调。逐步提高各有关专业和工种的应变能力、协同配合能力和对事故的综合救援能力。模拟火灾发生状况见图 2-29。例如，莫斯科地铁当局基本上每月进行一次指挥部训练,每季度至少一次出动百名员工以及车辆和设备进行"实战演习";在马德里发生系列火车恐怖爆炸事件后,世界一些大城市如纽约、巴黎、伦敦、东京的地铁纷纷制订恐怖防范计划,进行大规模"实战演习"。

课题四　城市公共交通设施管理

广义的公共交通服务设施主要是指城市公共交通线路在运营服务时间活动中所有使用的各种机械设备和土木建筑的总称,是城市公共交通服务的"硬件"。

狭义的公共交通服务设施主要是指公共汽(电)车运营车辆上和站台候乘的设施上配备的直接为乘客所使用的各种设备和为乘客提供服务信息的设施,简单说就是在客运车辆、候乘站台上安装使用的服务设施。

根据我国目前地面(公共汽车、小公共汽车、出租汽车、有轨电车、无轨电车)、水面(轮渡、游艇)、地下(地下铁道)、高架道路(轻轨、磁悬浮)、空中(缆车、索道)等城市公共交通方式所使用的各种设施用途划分,主要有运载设施、候车设施、辅助设施三类。

活动　识别城市公共交通设施

相关知识

1. 城市公共交通运载工具

城市公共交通运载工具主要有公共汽车、小公共汽车、出租汽车、有轨电车、无轨电车、轻轨列车、地铁列车、轮渡、缆车等,这些设施以直接实现乘客位移为目的,我们称之为一线设施。

客运车辆的功能性设施是指作为载客车辆必须具备的,不可缺少的基本设施,主要包括车门、踏板、座椅、车窗玻璃、灯光、信号等;客运车辆的舒适性设施是指在车厢内安装增强舒适感和娱乐感的各种设备,主要有车厢空调设备、音箱视听设备等;客运车辆的安全性设施是指在客运车辆上安装配备的保证乘客安全的各种器材和设备,主要有安全扶手、安全门、安全小锤、灭火器等。

2. 城市公共交通营运车辆管理

经营者应当加强营运车辆管理,建立健全营运车辆管理制度:

(1)建立健全营运车辆检查、保养、维修管理体系,建立车辆档案,确保营运车辆始终处于性能良好状态;

(2)建立健全营运车辆车容车貌清洁维护制度,定期进行车厢消毒,营运车辆到达起讫站及时清洁;确保营运车辆车厢内部,车身外表积灰、无积垢、无积水,处于整洁状态。

3. 候车设施

候车设施主要有候车亭(棚、廊)、候车座椅、站台、站台护栏、码头、客运提示、通信与运行显示等,也称之为二线设施。公交车上安全设施见图2-30。

候车设施应具有避雨、遮阳、座椅、客运服务业务宣传等服务功能,见图2-31。夜宵线的信息应显示在站牌上便于乘客观看的位置。维护单位应加强对候车设施和站牌清洁保养,确保设施正常运行。

一种高科技的数字公交站牌系统在上海展览中心举行的"2010国际智能交通与停车设备展"上亮相,这种新型的公交站牌安装有无线视频监控探头(图2-32),既可以实时监控公

交站台及周边客流和车流状况，又能为治安监控和交通管理提供大量的视频数据。新站牌有望在沪上的公交站应用。浦东高科技数字公交站牌见图2-33。

图2-30　公交车上安全设施

图2-31　供乘客候乘用的候车亭（棚、廊）、候车座椅

图2-32　公交站牌安装有无线视频监控探头　　图2-33　浦东高科技数字公交站牌

4.辅助设施

辅助设施主要包括线路的首末站调度室(图2-34)、行车乘务人员休息室(图2-35)、办公室、修理间等房屋建筑。其功能是供公交职工使用,为运营活动提供指挥管理和后勤保障服务,又称三线设施。停车场示意见图2-36和图2-37。

图2-34　线路的首末站调度室

图2-35　行车乘务人员休息室

图2-36　停车场(一)

图2-37　停车场(二)

知识拓展

1.城市地面公交电子站牌功能简介

"电子站牌"在中国的发展的几年的时间里,因为其在交通调度中的作用逐渐增大,越来越受到交通部门的重视,相关部门也正在下大力气开发潜在的功能,目前"电子站牌"可以实现如下的一些功能:

(1)电子站牌能随时接收中心发来的数据,显示本线路所有运营车辆当前所在的位置。已到站车辆,车站站牌相应灯亮;在站间的车辆,前进方向灯亮。

(2)根据离本站最近车辆的当前位置,计算到达时间,显示在电子站牌的信息显示屏上,乘客可预知下次车到达时间。

(3)电子站牌能接收中心的控制命令,并能向中心回报本站牌的状态等。

(4)电子站牌可提示该线路的始、末车发车时间,预计从发车点到达该站的时间;并可发布路况信息、天气信息、广告信息等。

(5)电子站牌的LCD屏可直接播放移动视频节目。平时可以发布多媒体信息,也可以播放媒体广告,广告的运营就是一项增值服务,可以选择一些商业性的广告,提高公交企业服务水平的同时,也可以增加公交企业的运营收入。可以播放公益性的广告,对于提高城市形象的再好不过的举措。必要的时候发布政府的通告以及紧急公告信息。

（6）电子站牌带有语音扬声器，当有车辆信息的时候，会伴有语音的提示，也是防止候车乘客错过车辆信息，对盲人也是可以提供语音民航的功能。

（7）电子站牌可以作为报警点，电子站牌有视频监控摄像头的报警按钮。在按报警按钮后，自动接通报警电话，同时视频摄像头自动开始录像，后台人员可以通过摄像头实时查看现场情况，通过紧急通话器与现场人员进行通话。

（8）电子站牌的摄像头可以作为交通监控摄像头，对公交车的日常营运情况、车辆进站秩序和驾驶员行车作风实时监控。

（9）电子站牌的摄像头，紧急时可以为临时指挥的需要，及时获取现场信息，发布命令，保障社会安全。

2. BRT系统简介

快速公交的基本含义是英文 Bus Rapid Transit 的词义翻译（简称：BRT），它源于20世纪70年代巴西南方城市库里蒂巴，是一种利用改良型大容量公交车辆和现代智能交通技术，运行在公交专用道上，保持轨道交通运行特性，具备普通公交灵活性、经济性的一种便捷、安全、舒适、准点的公共交通运营服务方式。由于它建设周期短，运营成本低，而被称作惠及当前百姓的一项亲民工程。快速公交由于其运量大、建设周期短、运行速度相对较快以及节约能源，节约道路资源，有利于环保，能有效缓解城市交通拥堵矛盾等优势，而逐渐成为全球城市公共交通业的发展方向。联合国、世界银行、国际能源机构以及公共交通国际联合会等国际组织与机构都把快速公交作为解决城市交通问题的革命性方案，积极地向世界各大城市推荐。近年来，南美的圣保罗、波哥达、基多以及澳大利亚的布里斯班、悉尼，加拿大的渥太华，法国的巴黎，美国的纽约，墨西哥的墨西哥城，印度尼西亚的雅加达，印度的班加罗尔等城市，纷纷建设快速公交系统。随着我国城市公共交通的发展，国内第一条快速公交线路在北京开通运营，并取得了较好的成效。杭州快速公交一号线是国内所建设的第二条快速公交线路。

BRT系统是一种介于轨道交通与常规公交之间的新型运营系统，它利用现代公交技术配合智能交通的运营管理，使传统的公交系统基本达到轨道交通的服务水平，其投资及运营成本又较轨道交通低，与常规公交接近。BRT系统在技术上的最大突破就是"吸收了轨道交通和常规公交的所有长处，同时摒弃了轨道交通和常规公交的缺点"。在技术上兼收并蓄，创造了一种"现代化、高等级、低费用的大容量运送系统"。正因为此，世界上许多城市决定改变原来建设轨道交通的计划，即使在美国这样的经济大国也不例外，如洛杉矶市最近也停止了其规模庞大的轨道交通建设，而将轨道交通的建设资金用于建设城市快速公交网络。日本的快速公交系统，因建在规划的轨道交通线网上，又称基于公共交通。原本是作为轨道交通的过渡形式，但是到了过渡期时，人们发现许多快速公交系统完全能够满足要求，而不必再投资建设轨道交通，因而保留了下来。目前，在南北美洲、欧洲、亚洲共39个城市发展了BRT系统，它已经成为现代城市改善交通状况的战略举措之一。

思考与练习

城市公共交通设施中的"一线设施"、"二线设施"、"三线设施"有哪些？分小组讨论如何对各种设施进行有效的管理？（建议、方案的形式均可）

项目三　城市公共交通运营数据统计分析

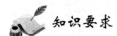知识要求

1. 掌握城市公共交通有关客流数据统计分析方法；
2. 了解城市公共汽(电)车企业营运调度管理的指标体系。

技能要求

1. 会填写各种运营报表；
2. 对城市公共交通有关客流数据进行简单的分类、统计、整理。

课题一　城市公共交通运营数据分析

活动一　填写各类运营报表

相关知识

地面公交企业运营调度管理部门的基本任务是执行上级调度的指令，根据客流和车辆配备等情况制订所辖范围的营运调度计划和线路行车作业计划，负责检查计划落实情况；各级调度在完成日常生产活动等客运任务同时，每日每月每年必须围绕第一线运行活动的各种统计和核算；统计和核算的基础均来自运行第一线发生在特定时间内的运行生产活动的原始数据；由现场调度人员全面、正确、及时完成数据的采集。

一、现场调度原始记录

运行现场调度原始记录是指现场调度人员对发生在营运第一线的运行生产活动中有关情况和数据的记载。现场调度原始记录既是特定公交线路在特定时间内运行情况的反映，也是整个公交企业营运生产活动核算分析的基础；通过核算分析，能及时了解线路运行过程中存在的问题，及时采取调整措施，提高服务质量。从反映的内容上看，基本包括以下几个方面：

(1) 车辆进出场情况；
(2) 运行班次的收发情况；
(3) 行车人员的值勤情况；
(4) 客票的出售情况；
(5) 车辆的故障情况；
(5) 安全行车和营运服务情况。

上述内容是公交企业统计和核算所必需的最原始的内容，一般都是由公交线路的线站现场调度人员在现场值勤时如实记录、及时反馈的。现场调度原始记录主要有：

1. **行车调度工作日报**

行车调度工作日报是对发生在公交营运线路上的每天从首班车起至末班车止的营运服务

情况的记实。行车调度工作日报实行一站一表制,对于每条公交线路,有几个调度站点,就应有相应的几张工作日报。行车调度工作日报的内容主要有值勤车辆、值勤人员、运行状况三部分。

(1)值勤车辆
①车序号记录;
②值勤车辆车号记录;
③行车事故记录;
④车辆故障记录。

(2)值勤人员
①交接班时间记录;
②值勤人员职别号记录。

(3)运行状况
①车辆到达时间记录;
②车辆开出时间记录;
③临时调度措施的记录。

2.行车路单

行车路单是公交营运线路车辆每日运行活动必备的原始记录。正常情况下应由当班的现场调度人员签注。行车路单实行一车一单制,如果营运车辆在当班时间内因故障、肇事或其他原因退出营运,由别的车辆代替运行,代替的行驶车辆必须使用新的行车路单。行车路单主要记录内容有:车辆耗油情况、车辆行驶公里、车辆出场前设备情况、车辆运行过程中发生的情况、各个班别值勤人员职号、车辆的运行状况。

(1)车辆耗油情况;
(2)车辆行驶公里;
(3)车辆出场前设备情况;
(4)车辆运行过程中发生的情况;
(5)各个班别值勤人员职号;
(6)车辆的运行状况。

3.客票结算单

客票结算单实行值勤售票员一人一单制。客票结算单内容包括:

(1)车辆某车次在某始发站点的发车时刻。
(2)在发车时刻发车后至对方始末站之间将要出售的各个价目的车票的起号。

在某个行驶车次的过程中,值勤售票员所售出的车票的有效范围,限定在两个始末站的现场调度人员签注的票号之间。超出这个范围的客票应向当班调度员说明情况,须经调度员认可并签注调度员职号后方可出售,否则将作为费票处理。

现场调度人员认真签注客票结算单,对企业统计分组时间内的运客人次有很大作用,客票结算单上的发车时间与行车路单上的发车时间应一致,有时能为乘客查询事件提供线索和帮助。

思考与练习

1."每日、每月、每年必须围绕第一线运行活动的各种统计和核算;统计和核算的基础均来自运行第一线发生在特定时间内的运行生产活动的原始数据",要求地面公交企业现场调度人员必须具备怎样的职业素质?

2.行车调度工作日报、行车路单、客票结算单各自反映出什么信息?

活动二　原始数据的统计分析

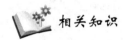
相关知识

一、现场调度作业中原始数据的统计分析

现场调度人员对车辆和值勤人员现场运行情况记录的原始数据,是现场运营动态统计分析的基础。

1.全日行车里程的统计分析

全日行车里程的统计分析,可以反映线路某日计划里程的完成程度及由各种原因造成公里损失的情况,通过损失公里的原因分析,研究问题所在,为营运调度管理的决策工作提供充分依据。

$$全日营业公里 = \sum_{i=1}^{n} G_i L_i$$

式中:G_i——行驶某区段的班次数(车次);

L_i——某区段的长度(km)。

全日空驶公里 = $\sum$ 车辆进出场次 × 相应进出场路段的长度

全日行驶公里 = 全日营业公里 + 全日空驶公里

全日损失公里 = 计划行驶里程 − 实际行驶里程

$$全日公里计划完成率 = \frac{实际行驶里程}{计划行驶里程} \times 100\%$$

举例说明:

某线路长度:上行(甲站—乙站)= 9.5km,下行(乙站—甲站)= 8.5km

进出场里程:车场~乙站 5.5km,车场~甲站 5.0km

一辆车全日开6圈的营业公里:6 × (9.5 + 8.5)km

该辆车2次进出场空驶公里:2 × (5.5 + 5.0)km

该辆车全日行驶公里 = 全日营业公里 + 全日空驶公里

= 6 × (9.5 + 8.5) + 2 × (5.5 + 5.0)

= 139km

2.全日营运班次的统计分析

计划营运班次完成的好坏,是衡量线路服务质量高低的一个方面。全日营运班次的统计分析,可以反映线路某日(或分时段)的营运班次完成情况,可重点分析问题所在的时段及原因;同时通过因车辆误点脱档而采取调度措施所形成的放站班次和区间班次等情况及其相应效果的分析,评价分析调度措施的可行性和合理性,不断提高现场调度人员的技能水平。

$$营运班次计划执行率 = \frac{实际营运班次数(含放站、区间班次)}{计划营运班次数} \times 100\%$$

3.行车准点的统计分析

车辆运行的准点程度,是衡量公共交通线路营运服务质量的重要标准之一;行车准点的统计分析,主要是分析影响行车准点问题的因素和影响程度:道路通行能力;驾驶员的操作水平和身心状况;车辆的车况情况。有针对性地寻找解决问题的措施和方法。

车辆运行准点的标准,实际运送时间(本站到达时刻减去对方站发车时刻)与计划规定的运送时间之间误差的时间界限(>2min 或 <-1min),超过时间界限者则为误点班次。

4. 停站时间的统计分析

停站时间是为保证线路正常运行秩序的一项运行规范标准,一般停站时间应控制在单程运送时间的 10% ~ 15%(原则上是高峰时段少些,低谷时段多些),过多或过少都会直接影响线路运行的服务效益和经济效益。

$$营运时间 = 车辆本站发车时刻 - 对方站到达时刻$$

$$一定时间内车辆的平均停站时间 = \frac{一定时间内所有车辆的停站时间之和}{车次数}$$

停站时间的统计分析表见表 3-1。

停站时间的统计分析表 表 3-1

时间分段	运送车速标准	上行(11.75km)(甲→乙)			下行(11.23km)(乙→甲)			停站占运送(%)
		运送时间	停站时间	营运时间	运送时间	停站时间	营运时间	
首班~6:30	18	39	7	46	37	2	39	12
6:31~8:30	16	44	6	50	42	2	44	9
8:31~15:30	15	47	12	59	45	2	47	15
15:31~18:30	15	47	9	56	45	2	47	12
18:31~21:00	16	44	11	55	42	2	44	15
21:01~末班	18	39	9	48	37	2	39	14

在表 3-1 中,可计算如下:

第一行 $(7 + 2) \div (39 + 37) = 12\%$;

第三行 $(12 + 2) \div (47 + 45) = 15\%$;

最末行 $(9 + 2) \div (39 + 37) = 15\%$。

5. 运送时间和运送速度的统计分析

运送时间的多少或运送速度的高低,直接关系到线路运行秩序的正常程度和乘客的乘行时间,运送时间和运送速度的统计分析就是解析实际数据与计划安排的差异程度及其原因所在,为行车作业计划的调整提供确切依据。

$$营运时间 = 车辆本站到达时刻 - 对方站发车时刻$$

一定时间内全部车辆正常运行的平均运送时间,即表示一定时间内车辆运行实际所需的运送时间。

$$(一定时间内车辆运行的)运送速度 = \frac{线路长度(km)}{平均运送时间(min)} \times 60 \quad (km/h)$$

举例说明:

在 6:31 ~ 8:30 时间段,上行(甲→乙)运送时间 44min,运送车速 16km/h;

在 15:31 ~ 18:30 时间段,下行(乙→甲)运送时间 45min,运送车速 15km/h。

6. 行车大间隔情况的统计分析

造成行车大间隔的原因有很多,如路阻、故障、肇事、客流变化等。发生在运行过程中的行车大间隔,是线路运行秩序正常与否最直接的反映。依据线路调度员如实记录的原始数据,可以从发生行车大间隔的时间、具体间隔的分数及发生原因等记录数据中,分析其产生问题原因的规律,有针对地拟订解决问题的措施。

市区线路运行的前后两辆车之间的时间间隔超过一定幅度时(一般是15~20min,也可根据各城市实际情况设定),就称为行车大间隔。

举例说明:

上海市行车大间隔相关规定如下:
① 市区中心城区:>15min;
② 内外环线之间:>25min;
③ 郊区、县境内(包括市通郊线路):>40min;
④ 郊区县际线路:>60min;
⑤ 路线行车大间隔(日)发生率应≤3%。

思考与练习

1. 写出表3-1第二、四、五行的计算过程。
2. 请计算8:31~15:30上行、下行的运送速度。

课题二　城市公共汽(电)车企业营运调度管理指标体系

活动一　乘客动态及运行计划指标汇总

 相关知识

一、客运量(计量单位:人次)

客运量是指在一定时间内需要乘坐公共交通车辆的乘客数。根据乘客乘车动态可分解为集结量、运载量、疏散量、待运量四个动态指标。

二、通过量(计量单位:人次)

通过量是指在一定时间内车辆经过某地段(或站点)时,车厢内的载客人数,是客运交通企业反映客流量的一个重要指标。

三、乘客周转量(计量单位:人公里)

乘客周转量是指在一定时间内,全部乘客的乘车总里程。该指标是复合指标,是由客流量和相应的乘坐距离组成的。反映地面公交企业工作量大小的一个重要指标。

四、平均运距(计量单位:公里)

平均运距是指在一定时间内,平均每位乘客一次乘车的乘行距离。

五、线路负荷(计量单位:人公里/公里)

线路负荷是指在一定时间内,线路平均公里长度所承担的工作量(乘客周转量)。也可

以表示为,在一定时间内,线路断面的平均通过量。该指标可以反映线路线网公里上的平均工作量程度。

六、乘客密度(计量单位:人公里/公里)

乘客密度是指在一定时间内,线路营运平均每单位载客里程所承担的工作量(乘客周转量)。也可以表示为,在一定时间内,线路断面上每个营运班次的平均通过量。该指标可以反映线路营运公里的平均工作量程度。

七、满载系数

满载系数是指在一定时间内,营运线路车辆运载乘客的满载程度。是运能与运量比较的相对数。是反映线路营运服务质量、衡量车辆利用程度的一个重要指标。包括断面满载系数和线路满载系数。

八、交替系数

交替系数是指在一定时间内,运行车辆由起点站至终点站的单程行程中,每一个客位平均被乘客乘用的次数。它反映了线路乘客上下车交替的频繁程度,与平均运距成反比,即平均运距越小,交替系数越大;平均运距越大,交替系数越小。

九、不平衡系数

不平衡系数是指在一定时间内,乘客动态反映在时间上、方向上或断面上的不均衡程度的相对数。包括时间不平衡系数、方向不平衡系数、断面不平衡系数。

十、营业行驶里程(即营业公里)(公里)

营业行驶里程指营运车辆为营业而出车载客的行驶里程,不包括空车进出场的非营业行驶里程。

十一、非营业行驶里程(即空驶公里)(公里)

非营业行驶里程指营运车辆为营业而进出场过程中不载客的空车行驶里程。

十二、行驶总里程(公里)

$$行驶总里程 = 营业公里 + 空驶公里$$

十三、损失公里(公里)

损失公里指营运车辆在营运过程中,由于交通阻塞、肇事、纠纷、故障等原因而少行驶的里程。

十四、计划里程执行率

计划里程执行率指线路车实际行驶总里程与行车时刻表规定计划行驶总里程之比。

思考与练习

当交替系数为"1"时,说明什么?是否有交替?

活动二　经济技术指标分析

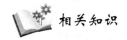

相关知识

一、运客人次（人次）

[资料分析1]　按上海市 2 303 万常住人口计算,2011 年上半年每百人日均公共交通乘用次数达 72 次,同比去年提高 3.7 %。其中,轨道交通由于 2010 年大量轨道交通新线集中投入运营,运能同比大幅提高并得到了充分释放,轨道交通日均客运量 556.8 万人次,同比增加 21.6 %。地面公交与出租汽车上半年客运量则较去年同期保持平稳地面公交日均客运量 77.2 万人次,同比微增 0.04%,出租汽车日均客运量 310.5 万人次,同比减少 0.72%。

上半年公共交通客运总量达 30 亿人次,日均 1 657 万人次。

[资料分析2]　上海第五次综合交通调查显示,相比 2009 年进行的第四次综合交通调查,五年来,上海的车更多了、路更堵了、地铁更挤了。上海市第五次综合交通调查由 5 大类、24 个分项调查组成。调查主体实施工作从 2014 年 9 月开始,经过调查组织实施、数据分析和成果汇总等阶段工作,目前,第五次综合交通调查已经基本完成。

据悉,自 2009 年第四次综合交通调查的五年来,上海的建设用地增加 8%、常住人口增加 9.7%、房屋建筑量增加 32%。与此同时,城市道路、公路、公共交通、交通枢纽和对外交通等各类交通设施明显扩容。综合交通发展背景发生了较大调整,交通需求和系统运行特征也发生了较大变化。

调查显示,上海居民出行需求总量持续增长。由于常住人口和流动人口的增加,2014 年全市出行总量较 2009 年增加 12%,达到 5 550 万人次/日。除了总量的提升,上海市民出行活动也趋向多样化,非通勤目的人均出行次数从 1.06 次上升到 1.12 次。通勤出行次数有所下降,人均出行次数从 1.1 次下降到 1.04 次。非通勤出行次数首次超过通勤出行次数。同时,市民出行距离也有所增加。工作地和居住地的分离,拉长了市民的出行距离。如外环外的中心城周边地区成为新增人口的主要导入区域,而这些人口的主要就业地依然在内环以内区域。市民的平均出行距离由 2009 年的 6.5km/次增加至 2014 年的 6.9km/次。

随着轨道交通线网规模不断扩大,轨道交通在公共交通中的主体地位日益凸显。2014 年全市公共交通[含轨道、公共汽(电)车、轮渡]日均客运总量为 1 521 万乘次/日,较 2009 年上升 34.8%。其中,轨道日均客运量达到 775 万乘次,公共汽(电)车日均客运量为 730 万乘次,轨道交通年日均客运量全面超过地面公交客运量,轨交直接服务人口也持续增加。到 2014 年底,上海运营轨道交通线路(含磁浮线)共 15 条,运营线路长度由 2009 年的 355km 增加到 577.6km,运营车站 339 座。外环以内的中心城站点 600m 服务半径覆盖 47% 人口和岗位,直接服务人口较 2009 年增加 50%。但另一方面,轨道交通拥挤问题也日趋严重。2014 年早高峰全网拥挤断面长度为 96km(占全网比重 16%),较 2009 年的 54km 增加 78%。全天进出客流超过 15 万人的车站近 20 个,人民广场、世纪大道等换乘站的日均换乘客流超过 35 万人。

(1)运客总数(客运量)(人次);

(2)线路车客运量(人次);

(3)日均运客人次(人次/日)。

二、营业收入

(1)票款总收入(元);
(2)线路车营运收入(元);
(3)日均营收(元/日);
(4)车日营收(元/车日);
(5)百公里营收(元/百公里);
(6)平均票价(元)。

三、车辆利用

(1)营运车日(车日);
(2)完好车日(车日);
(3)工作车日(车日);
(4)完好车率(%);
(5)工作车率(%)。

四、能量消耗

(1)行车燃料消耗率(L/百公里、m^3/百公里);
(2)电车电力消耗率[(kW·h)/百公里]。

五、车辆机件平均故障时间

指营运车辆由于机件损坏或失效而发生的故障,其影响车辆正常运行的平均时间。

思考与练习

根据相关资料查找出重要的数据。

项目四　城市公共汽(电)车企业运营调度管理

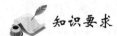 知识要求

1. 熟悉城市公共汽(电)车运营调度管理；
2. 熟悉城市公共汽(电)车企业运行计划；
3. 掌握城市公共汽(电)车企业运行调派方法；
4. 掌握城市公共汽(电)车企业现场调度方法；
5. 熟悉和掌握城市公交智能调度系统；
6. 能进行城市公共交通线路日常运行信息化管理。

 技能要求

1. 在实训室使用调度软件模拟公交现场调度；
2. 根据运营现场需要收集分析各类行车信息；
3. 熟练掌握城市公交智能调度系统的有关操作方法；
4. 掌握行车事故处理程序。

课题一　城市公共汽(电)车运营调度管理概述

活动一　城市公共交通运营调度基础认识

 相关知识

一、城市公共交通运营调度工作的具体作用

城市公共交通运营调度是为完成运行任务、满足乘行需求,对运行过程进行计划、组织和控制等活动的总称。即城市公共交通运营调度是城市公共交通运营管理的一个方面,是生产力的要素之一。

　　　　城市公共交通生产力 =(劳动者 + 劳动工具 + 劳动对象)× 运营调度

城市公共交通运营调度的具体作用是:

(1)通过运营调度,可以使潜在的运能转为现实运能。城市公共交通运行要素只有通过运营调度,才能发挥迅速、方便、安全、准点、舒适的服务效能。

(2)通过运营调度,可以发挥运行要素的综合运能。运行要素并不是简单的相加,而是以员工为主体有机组合到一起的运行动态系统,并使其产生巨大的组合作用。

(3)通过运营调度,可以把复杂多变的运行活动组织成协调有序的运行过程。通过运营调度,使运行活动在适应城市客流多变、运行活动流动分散特点的前提下,有条不紊进行。

(4)通过运营调度,可以较好地完成城市公共交通各项技术经济指标,提高经济效益。科学地运营调度,能充分挖掘潜力,降低运营成本,提高车辆利用率,提高劳动生产率。

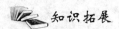知识拓展

1. 运行过程

运行过程是指从准备运行开始到运行结束为止的全过程。一般由运行准备过程、基本运行过程、辅助运行过程、运行服务过程等组成。

(1) 运行准备过程是指车辆投入线路运送乘客前所进行的各项技术组织准备工作,如线网设计、线路站点布置、行车作业计划编制等。

(2) 基本运行过程是指乘客实现空间位移并为乘客提供乘行服务的各项服务工作。

(3) 辅助运行过程是指为保证基本运行过程正常进行的各种辅助性工作,如车辆保养检修等。

(4) 运行服务过程是指为保证基本运行过程和辅助运行过程正常进行而提供各种非生产性服务工作,如配件供应、保管工作等。

2. 运行要素

一般是指运行员工、道路、车辆、乘客、信息这五个运行要素。

(1) 员工是运行的主体,包括行车人员和管理人员。

(2) 道路是运行的场地。

(3) 车辆是运行的工具。

(4) 乘客是运送的对象。

(5) 信息是运行的灵魂,包括客运市场信息、运行计划、指令等。

3. 安全、迅速、方便、准时、舒适、经济

安全是指行车无事故,包括避免行车事故、减少客伤事故、减少环境污染、降低城市噪声。具体涉及行车安全、财物安全、乘坐安全、设备安全、乘务人员自身安全。

迅速是指出行速度快,包括步行时间短、候车时间短、车速快、乘行时间少。

方便是指乘行容易便利,包括线网密度与布局合理、交通工具多样化、站点设置方便换乘,具体步行时间短、换乘次数少、上下车和换车容易。

准时是指车辆按规定时间运行,包括发车准点、收车准点、中途到站准点。当然,地面公共交通由于受到路况、车况、自然气候等因素影响,准时只能是相对的,但在首末班要确保准时发车,运行中尽量减少停站时间,尽量保证时间误差在规定的范围内。

舒适是指乘行舒服,满足乘客物质和精神需求,包括乘行条件好、驾驶技术高、服务态度好、候车设施全。

经济主要指我国大中城市的公共汽电车一般采取低票价标准,成为城市居民出行的首选交通工具。

想一想:城市公共交通中劳动者、劳动工具、劳动对象的涵义是什么?

二、城市公共交通运营调度工作的职能

(1) 城市公共交通运营调度工作的基本职能有两个方面,一是合理组织生产力,二是维护生产关系。

(2) 城市公共交通运营调度工作的具体职能有:

①计划职能;

②组织职能;

③控制职能。

三、城市公共交通运营调度的工作内容

(1)运行准备工作是指运行的物资、技术、组织准备工作,具体包括:
①线网规划,场址选择、车场布置、车辆选择等工作;
②客流调查、客流分析、客流预测等工作;
③运能调查、运能分析、运能核定等工作;
④物资供应保管等工作。

(2)运行计划工作是指编制运行计划和运行计划分配工作,具体包括:
①线网线路设计;
②编制运行计划;
③编制行车作业计划;
④车辆调度工作;
⑤人员派工工作。

(3)运行控制工作是指围绕完成计划任务所进行的运行现场管理工作,具体包括:
①进出场调度管理工作;
②现场调度管理工作;
③运行计划进度控制;
④运行质量控制;
⑤运行成本控制;
⑥运行安全控制。

活动二 城市公共交通运营调度的机构了解

相关知识

一、城市公共交通运营调度的原则

(1)按需运行原则;
(2)经济运行原则;
(3)均衡运行原则;
(4)文明运行原则;
(5)安全运行原则。

二、城市公共交通运营调度的组织机构

常见的有集中统一调度组织机构、集中分级调度组织机构、区域分级调度组织机构三种调度形式,它们各自有不同的特点。

1. 集中统一调度组织机构

集中统一调度是由公司总调度室直接指令各条线路(车队)调度员指挥线路车辆、人员进行运行,见图4-1。

集中统一调度的优点是机构较简单,责任较明确,指令传达迅速;缺点是公司总调度室

管理幅度较大、规模较大、业务较复杂情况下比较难以适应。所以这种组织机构比较适合用于小城市,行车线路较少的公交单位,可节约人员便于指挥。

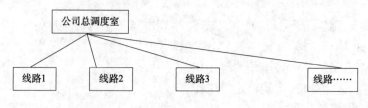

图 4-1　集中统一调度

2. 集中分级调度组织机构

集中分级调度是由公司总调度室指挥领导下属各分公司调度室,再由各分公司调度室下属各条线路(车队)的车辆、人员进行运行,见图 4-2。

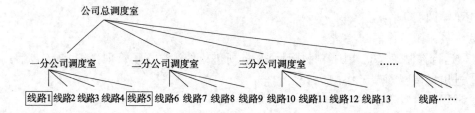

图 4-2　集中分级调度

集中分级调度的优点是适应运行技术复杂、运行规模较大的情况;缺点是信息传达不够迅速,机构较大、用人较多,易造成任务职责不清。一般适用于大中城市公共交通。

3. 区域分级调度组织机构

区域分级调度是线路调度直接接受按区域设置的公司调度室指令,总调度室只起计划、平衡、统计、协调等工作。但遇特殊情况,公司总调度室有直接指挥线路(车队)的车辆、人员的权利,见图 4-3。

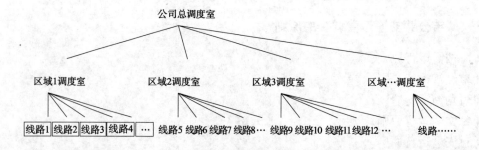

图 4-3　区域分级调度

区域分级调度的优点是适应运行技术复杂、运行规模较大的情况,信息传达迅速,任务职责明确;缺点是机构庞大、用人过多,容易造成人浮于事。这种组织机构比较适合用于特大城市公共交通。

大城市公交调度系统一般采取集中分级调度与区域分级调度相结合的方式。以上海城市地面公共交通为例,一般现场线路调度听令于分公司调度室,而遇到特殊情况,如突发重大事故、集会等特殊情况,总公司的总调度室就有权直接指挥线路的车辆、人员运行,然后再与分公司进行联系。

在公交现场调度中,应严格执行所在城市的调度组织制度。上海市是执行三级调度组织制度,即总公司调度室、分公司调度室、车队调度室三级机构组成管理体制。有时也可解释为公交调度中心、分调度中心、公交车队三级管理体制。执行中,局部服从全局,下级服从上级,自上而下发布调度命令,集中统一指挥,严格执行调度命令,达到正常运行秩序,提高运行效率。

知识拓展

1. 智能化指挥平台——实时监控万辆公交车

上海公交行业规模最大、性能最完备、功能最完善的大屏幕智能化监控指挥平台,在巴士集团投入使用。2010年上海世界博览会期间,这套指挥平台实现实时监控巴士集团下属9家公交企业环线内和世博园区及周边的近万辆公交车,确保运营安全。巴士集团监控指挥中心平台包括了GPS卫星定位系统技术,可对公交线路实施智能化调度。指挥中心大屏幕显示公交车早晚高峰运行及进出场状况,中心工作人员可随意放大拉近或切换画面,实时监控所有受控公交车的具体运行位置、运行轨迹、行进速度及方向等有效信息。工作人员可定时从GPS取到定位数据,计算车辆位置和车辆到站时间,并可通过平台向公交公司调度平台和线路终点站调度平台发布指令,充分利用大屏幕显示系统和网络系统,可通过应急指挥系统以音视频、电话、电台等方式,向下级公交企业下达启动应急预案指令,及时开展车辆应急抢修和各种突发情况处置。

2. 城市轨道交通客运组织架构

各城市轨道交通车站管理模式见图4-4~图4-6。公交公司调度平台及线路终点站调度平台见图4-7和图4-8。监控中心获取车辆信息工作原理见图4-9。

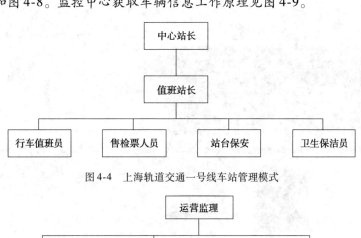

图4-4　上海轨道交通一号线车站管理模式

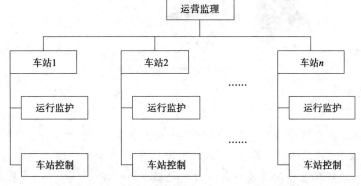

图4-5　德国柏林地铁车站管理模式

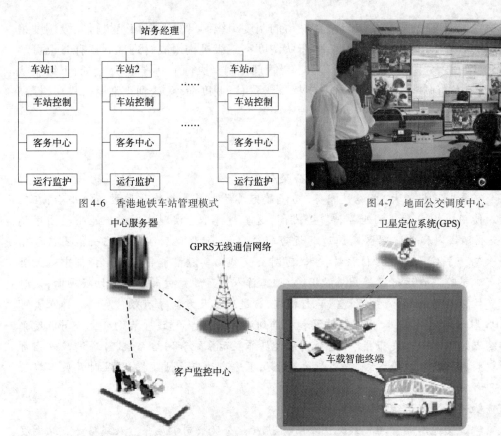

图4-6 香港地铁车站管理模式

图4-7 地面公交调度中心

图4-8 公交公司调度平台和线路终点站调度平台示意图

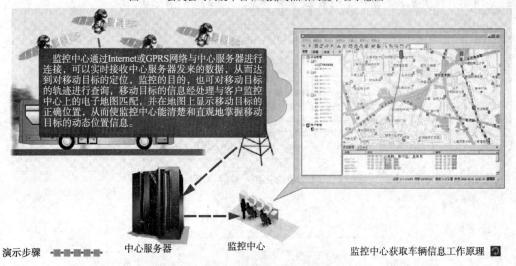

图4-9 监控中心获取车辆信息工作原理

3. 集群调度系统

集群调度系统是多个部门共用一组无线信道的专用调度系统。这种系统常常用在公共汽车的调度上,该系统一般由控制中心、总调度台、分调度台、基地台及移动台组成。该系统具有单个呼、组呼、全呼、紧急告警/呼叫、多级优先及私密电话等适合调度业务专用的功能。除完成调度通信外,该系统也可以通过控制中心的电话互连终端与本部门的小交换机相连接,提供无线用户与有线用户之间的电话接续。该系统是专为调度通信而设计的,系统首先保证调度业务,电话通信只是它的辅助业务并受到限制。集群移动通信系统目前通用的有多种制式及标准,如美国的800MHz调度系统,日本的900MHz MCA系统,法国的200MHz RADICOM200系统及瑞典的80MHz MOBITEX系统等。各种系统使用的信令、纠错编码及网络结构不同,无法兼容,在设台组网工作中选择系统时应谨慎考虑。

图4-10是无线集群调度系统——视音频指挥调度组成情况的示意图。

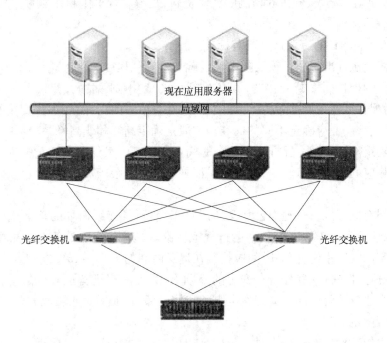

图4-10　无线集群调度系统逻辑拓扑图

思考与练习

1. 举例说明分析城市公共交通运营调度的原则。
2. 对城市公共交通运营调度常见的三种调度形式特点进行分析说明。
3. 结合参加社会实践(如上海公交客流大调查等)活动,小组讨论对城市公共交通运营调度机构的初步认识。

课题二　城市公共汽(电)车运行计划

活动一　行车作业计划概述

相关知识

一、行车作业计划概述

行车作业计划(行车时刻表)是地面公共交通企业的营运(调度)管理部门(或专职人员),在运行线路组织设计的基础上,遵照国家和企业制定的运行规范标准,根据乘客的出行需求(客流动态数据资料及其演变的特点和规律),具体安排营运线路上所配置的营业车辆

的全日运转时刻和行车人员的值勤时刻,使之能够有效组织线路有次序、有节奏地均衡运行生产活动的一项基本生产作业计划。目前,上海巴士公交有限公司下属各公司行车作业计划都由各个车队(分公司)由专人编制。

二、编制行车作业计划必须掌握下列主要的资料和依据

(1)有关客流动态调查、分析和预测的客流资料,是编制行车作业计划的主要依据,它是编制行车时刻表的基础。

(2)国家和企业制订的有关运行规范标准。

①车辆满载定额标准——一项反映车辆运载乘客满载程度的服务质量标准。由于客流动态是随着时间的推移而不断变化的,其从早到夜的变化幅度很大,若只用一个标准来控制,由此而作为配备运能的依据,是不合理的,因此在昼夜时间内,随着客流变化的幅度和乘客乘车的不同需求,企业应确定不同的标准。一般是确定高峰和非高峰两个标准。

②班次间隔定额标准——保证乘客候车时间一定限度的最低服务质量标准。企业根据不同线路规定相应的最大行车间距,是为了保证乘客的最低乘车需求,同时也兼顾了企业的经济效益。

③停站时间定额标准——地面公共交通线路车辆运行,连续循环的营运生产特点所决定的,它是为保证正常行车秩序的一个运行规范标准。具体的定额数值幅度可由各地面根据实际情况而定。一般来说,停站时间应控制在运送时间的10%~15%左右。

④车速定额标准——在确保行车安全的基础上,为提高车辆营运效率的运行标准。具体标准值可由企业营运管理部门会同安全服务和技术部门,根据交通法规的要求,依照线路的具体情况进行测定而定。

⑤值勤工时的定额标准——工时定额标准,是地面公共交通企业在执行国家劳动法规的基础上,根据公共交通企业生产特点而制定的运行工时标准,它是反映企业劳动生产率强度的一个定额标准。基于目前地面公共交通企业的营运线路值勤模式多样化的具体情况,现按照国家劳动法规的法定工时(每日8小时,一周40小时)的标准折算,公共交通线路各种值勤模式的工时参数值见表4-1。

公共交通线路各种值勤模式的工时参数值 表4-1

值勤模式	六工一休	五工一休	四工一休	三工一休	二工一休	一工一休	一工二休
值勤工时参照值	6:25	6:40	7:10	7:25	8:35	11:30	17:00
折算为标准班日	0.83	0.86	0.89	0.95	1.07	1.5	2.2

注:以五工二休制模式的工时定额为标准班日,各种值勤模式的劳动力作业班折算成。

⑥备用车辆配备定额标准——确保车辆完好,提高车辆利用率,保证线路正常计划实施的管理标准。标准的定额数,可视企业的具体情况而定(一般应控制在线路计划配车数的10%)。

(3)电车线路供电能力的资料和数据。

(4)企业车辆保养修理制度的需求。

(5)行车人员值勤制度的习惯需求。

(6)现行实施的行车作业计划的内容和效果。

(7)线路的具体运行资料数据。

①路线长度；
②进出场的线路长度；
③首末班车时刻；
④配备车辆的车型(即车辆的额定车容量)；
⑤调度形式的选定。
按照车辆运行的不同方式一般有：
a. 从时间上客流动态分布区分：正班式和加班式；
b. 从方向上客流动态分布区分：双向式和单向式；
c. 从断面上客流动态分布区分：全程式和区间式；
d. 从站点上客流动态分布区分：全站式和大站式；
e. 从线路上客流动态分布区分：本线式和跨线式。
(8)企业具备的最大的营业运输能力(车辆和劳动力)。

三、根据行车作业组织的基本特征分

根据行车作业组织的基本特征,行车作业计划可分为下列几种：
1. 按照时间上的客流动态区分
(1)夏令行车作业计划；
(2)冬令行车作业计划；
(3)平日行车作业计划；
(4)双休日行车作业计划；
(5)节假日行车作业计划。
2. 参照平面上客流动态区分
(1)市区线路行车作业计划；
(2)郊区线路行车作业计划；
(3)长途线路行车作业计划。
3. 依照线路营业服务时间区分
(1)全日线行车作业计划；
(2)高峰线行车作业计划；
(3)夜宵线行车作业计划。
4. 根据线路运行的车种区分
(1)汽车线路行车作业计划；
(2)电车线路行车作业计划；
(3)有轨电车线路行车作业计划。
5. 按照行车人员的值勤制度区分
(1)连班制行车作业计划；
(2)分班制行车作业计划。
6. 线路运行生产组织最终产生成果
(1)线路行车作业计划表(表4-2)；
(2)调换行车时刻表(表4-3)。

表 4-2

2008 年 9～12 月运营作业计划解析表（135 路）（平日）

项目	调表日期	使用类型	保管车	各时段计划配车					各时段计划平均车距					全日总班次	全日总公里	营运公里
				总配车	早高	上低	中高	夜高	小夜	早高	上低	中高	夜高	小夜			
调表前	2008-6-30	高温	52	43	43	28	20	43	22	3~8	3~10	5~10	4~8	5~8	496	8 236	
调表后	2008-9-1	恢复原表	52	46	46	29	29	46	22	3~8	3~10	5~10	4~8	5~8	574	8 682	
增减数																	

项目	营运车速	营运工时	计划配档	总工时	各班式平均			平均工时	现有配备人数	人车比例	车日公里			备注
					1休1	6休1	分班				班日公里	配车	保管车	
调表前	15.08	527.35	72	558.4	—	8.1	6.6	7.32	90	1.8	128	179	179	
调表后		558.28	75	566.2	—	8.3	6.4		90	1.8	135	189	189	
增减数														

表 4-3

调换行车时刻对照表
《平日表》

企业（单位）代码：63141929-7	表　号：公交客定 05 表
统记登记号：1902703	制表机关：上海市城市交通管理局
单位登记编号：5060	单位地址：东长治路 1010 号
	批准机关：上海市统计局
	批准文号：沪统制字
单位名称（盖章）：巴士电车公司	有效期限：
	报送日期：调表前 5 天

路别 135 路，路线规划长度 17.830km，路线实际长度 17.830km　　调表日期 2008 年 9 月 1 日（周一～周五表）

项目	配车						劳动力		全日班次						计划里程				
	双层	铰接	单机	中型	轻型		驾驶员	售票	6:31～8:30		6:01～18:0		合计		总里程				营业里程
					大	小	合计			全程班次	区间班次	全程	区间	全程	区间	单机	铰接	双层	中型	轻大	轻小	合计	
调表前		566.21	46				46	64		533		65		67		8 682						8 682	8 045
调表后		566.21	46				46	81		533		65		67		8 682						8 682	8 045

项目	营运里程/营运时间（h）	营运车速	调度形式		站点配车						调表原因
	营运时间（时/分）				全程站名	区间站名	配车	全程站名	区间站名	配车	
调表前		14.20km/h	6:31～8:30		国顺东路翔殷路		46	国顺东路翔殷路		42	
调表后		14.20km/h			老西门		46	老西门	16:31～18:00	42	

调度形式				全日分组行驶时间					跨线路线定班、特约车		
上行向	老西门	下行向	黎平路	站	分组时间	实施（min）		分圈时间	车距	跨线路别	跨线路班次	起讫路段	反车时	起讫路段	班次	单机
起讫站	起讫时间	班次	起讫站	起讫时间	班次		上行	下行							
国～老	5:15～22:25	267	老～国	5:15～23:20	266	初～6:00	50	50	110	6～12					
						6:00～18:00	60	60	130	4～10					
						18:00～末	50	50	110	6～12					

105

活动二　行车时刻表编制技巧与方法

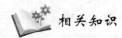相关知识

行车时刻表是表达行车组织具体内容的一种形式,通过具体的行车时刻,能明确每辆车运行的预期状况,行车人员遵照规定的行车时刻正常运行,就能顺利有节奏地完成客运任务;同时,为行车现场的调度工作提供确切的依据和可行条件。

1. 服务时间

服务时间是指营运线路从首班发车时刻至末班车收车时刻止,为乘客提供乘行服务所连续营运的全部时间。

2. 时间区域

时间区域是将昼夜 24 小时划分为若干时间段,每一个时间段就称为一个时间区域,简称"时区",见表4-4。地面公交线路一昼夜的服务时间可划分为六个时区;每个时区的时间跨度,称为时区跨度,地面公交线路单车一次工作连续时间最短在 4 小时左右,即驾乘一次连续值勤时间最短的是在 4 小时左右;为便于运行生产组织,把时区跨度定为 4 小时。值勤一个时区可视为半班,而值勤任意两个时区,可相互组合成一个作业班(全班)。若一个作业班值勤跨越连续相邻两个时区的即为连班,若一个作业班值勤分别跨越两个相隔时区的即为分班。

时 间 区 域 划 分　　　　　　　　　　　表4-4

时区名称	一时区	二时区	三时区	四时区	五时区	六时区
时区跨度	4~8	8~12	12~16	16~20	20~24	24~次日晨4点

3. 服务形式

服务形式即线路运营服务时间跨越时区的形式,常见的服务形式如表4-5所示。

服 务 形 式　　　　　　　　　　　表4-5

时区	一				二				三				四				五				六			
时间	4~5	5~6	6~7	7~8	8~9	9~10	10~11	11~12	12~13	13~14	14~15	15~16	16~17	17~18	18~19	19~20	20~21	21~22	22~23	23~24	0~1	1~2	2~3	3~4
服务形式 线路类型																								
全日线 1~5	○																			×				
全日线 1~5		○						○										×						
全日线 1~5							○								×									
高峰线 1+4			○									○												

续上表

时区		一				二				三				四				五				六			
时间 服务形式 线路类型		4~5	5~6	6~7	7~8	8~9	9~10	10~11	11~12	12~13	13~14	14~15	15~16	16~17	17~18	18~19	19~20	20~21	21~22	22~23	23~24	0~1	1~2	2~3	3~4
郊区线	1~3			○――	――	――	――																		
	1~4			○――	――	――	――	――	――	――	――	――	――												
夜宵线	6~6																	○――	――	――	――				

注:"○"表示线路的首班车时间;"×"表示线路的末班车时间;连接"○"与"×"的横线表示某条线路营业服务时间的范围。

行车时刻表编制技巧与方法如下:

(1)行车时刻表一般包括以下几个内容:

①车序号(路牌);

②进出场例保工作时刻;

③出车时刻;

④运转时刻;

⑤进车时刻;

⑥停车时刻;

⑦与各种时刻所对应的发生地点和方向等。

(2)行车时刻表的编制方法有两种表示形式:一是线图式,二是表格式。以线图形式表示车辆运行时刻的称为线图式行车时刻表,形象直观地表达车辆在线路上运行的全日时刻,用线条铺画,工作较简单,但在行驶车辆较多时,不能直观表达时刻,行车间距小的线路,铺画难误差大,准确时刻难以表示出,一般适用在远郊长途线路;以表格形式编制车辆运行时刻的称为表格式行车时刻表,能精确直观地标明线路车辆全日的运行时刻和相对应的地点,能清晰反映整条线路所有车辆在昼夜时间内的运行全貌,是营运调度管理必备的资料之一。

(3)编制行车时刻表必须注意四个要求:

①行车间距均匀波动;

②行驶时间安全合理;

③车次规格安排适度;

④整体布局协调有序。

具体到计算周转时间、计算行车间距、注意消除二级跳或三级跳等。排表时应注意:

a.早晨出车需大车距先排,小车距后排;

b.晚上收车需小车距先排,大车距后排;

c.其余地方车距需大小车距均匀排列;

d. 车辆加入或抽出时,必定影响车辆在起讫站的停站时间,需特别谨慎。

[例 4-1]　单程和周转时间计算。

$$甲 \rightarrow 乙 \rightarrow 甲 \rightarrow 乙 \rightarrow 甲$$
$$500 \rightarrow 535 \rightarrow 614$$

单程时间:
$$535 - 500 = 35\min(甲\rightarrow乙)$$
$$614 - 535 = 39\min(乙\rightarrow甲)$$
$$\Downarrow$$

周转时间:
$$614 - 500 = 74\min$$

[例 4-2]　某线路的周转时间为 80min,某一小时最高断面所需的行车频率为 12 班次/h,计算车辆周转量。

$$车辆周转量 = 12(班次/h) \times (80\min \div 60) = 16 辆$$

[例 4-3]　某线路的周转时间为 80min,车辆周转量 16 辆,求行车间距。

$$t = 80 \div 16 = 5\min$$

核算:
$$5 \times 16 = 80\min$$

若某线路的周转时间为 80min,车辆周转量 14 辆,求行车间距。

即 4 车 ×5min = 20min,10 车 ×6min = 60min。

计算公式:
$$(14 - 10) \times 5 + 10 \times (5 + 1) = 80\min$$

[例 4-4]　不同颜色所呈现方案的比较,见表 4-6、表 4-7。

不同颜色所呈现方案的比较(一)　表 4-6

路牌	计划 甲	计划 乙	调整 1 乙	调整 2 乙	调整 3 乙	调整 4 乙
1	630	700	700	700	700	700
2	635	705	705	705	705	705
3	640	710	709	710	710	710
4	645	715	713	715	715	715
5	650	720	717	720	720	720
6	655	725	721	725	724	725
加车			725	730	728	728
7	700	730	730	734	732	730
8	705	735	735	738	736	735

不同颜色所呈现方案的比较(二)　表 4-7

路牌	计划 甲	计划 乙	调整 1 乙	调整 2 乙	调整 3 乙
1	630	700	700	700	700
2	634	704	704	704	704
3	638	708	709	708	708
4	642	712	714	712	712
5	646	716	719	716	717
6	650	720			
7	654	724	724	721	722
8	658	728	728	726	727
9	702	732	732	731	732

调能法:用增加(或减少)运行车辆数的方法,使运能与变化较大的运量相适应。核心技术是加、抽车的技术方法。

1. 加车法

在原有行驶车辆中,当增加一辆或一辆以上车辆后,组织安排所有车辆协调、高效营运的一种调度方法。在节假日前后,节日中客流变化较大,原有运能不能适应,调度室临时派机动车辆支援路线;平时当路线上客流突然增高时,需要增加运能。

加车法的具体做法如下:

(1)确定加车的数量和加入的时间;

(2)确定增加车辆后所影响的时间范围;

(3)加车后,在所影响的时间范围内新的行车间距及其排列;

(4)修正时间范围每辆车开出时刻,编制出新的加车后的时刻表。

[例4-5] 8:30~9:00某线原发车6个班次,现在客流发生变化,需要在这段时间内增加一个发车班次。

问:该增加班次加在哪里较为合适?

后加入的方法见图4-11。

分析:

(1)先收紧行车间距,后加入行驶车辆(即先收后加);

(2)将会影响单程营运时间,采用时须谨慎。

前加入的方法见图4-12。

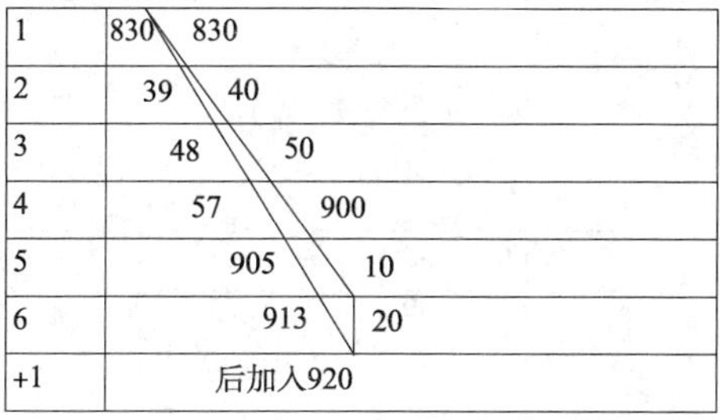

1	830	830
2	39	40
3	48	50
4	57	900
5	905	10
6	913	20
+1	后加入920	

+1	830	
1	830	39
2	40	48
3	50	57
4	900	905
5	10	13
6	20	20

图4-11 后加入 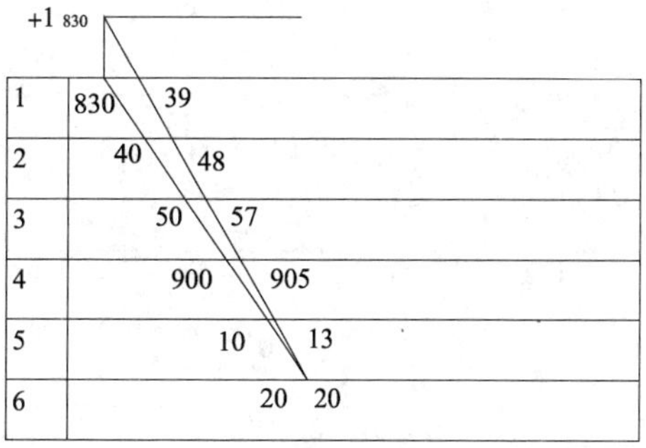　　　　　　图4-12 前加入

分析:

(1)先加入行驶车辆,然后收紧车间距(即先加后收);

(2)增加停站时间,造成浪费。

中加入的方法见图4-13。

分析:

"先加"和"后加"结合运用,兼顾克服"先加"和"后加"的弊端,比较令人满意。

2. 抽车法

在原有行驶车辆中,当减少一辆或一辆以上车辆后,组织安排所有车辆协调、高效营运的一种调度方法。当线路上客流突然有明显的减少时,为避免运能的浪费,采取抽车法。

抽车法的具体做法如下:

(1)确定抽车的数量和时间;

(2)确定减少车辆后所影响的时间范围;

(3)抽车后,在所影响的时间范围内新的行车间距及其排列;

(4)修正时间范围每辆车开出时刻,编制出新的抽车后的时刻表。

[例4-6] 8:30~9:00某线原发车6个班次,现在客流发生变化,需要在这段时间内减少一个发车班次。

问:该抽出班次抽在哪里较为合适?

后抽的方法见图4-14。

分析:

(1)先放大车距,后抽停车辆(即先放后抽);

(2)增加停站时间,造成浪费。

先抽的方法见图4-15。

分析:

(1)先抽停车辆,后放大车距(即先抽后放);

（2）影响车辆周转时间和单程营运时间,造成车辆不能按时到达和开出。

中抽的方法见图4-16。

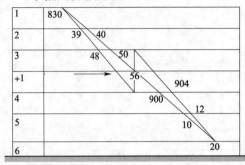

图4-13　中加入

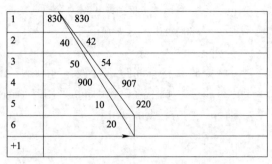

图4-14　后抽法

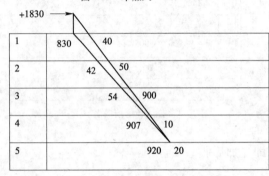

图4-15　先抽法

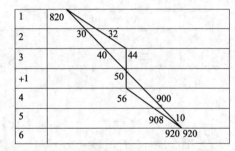

图4-16　中抽法

分析：

（1）影响时间幅度60min,原车距10min;

（2）8:50"加1"退出线路营运停驶,新车距12min,3号路牌收,停站时间多放4min;4号路牌收,单程营运时间收去4min;

（3）此法较优。

思考与练习

1．某线路的周转时间为80min,车辆周转量15辆,试计算行车间距。

2．某线从17:00之后,周转时间60min,配车15辆,其中,正班车12辆行驶第一圈,3辆加班车在第二圈加入。试排17:00开始的二圈行车时刻表。

3．某线从13:00之后,周转时间60min,其中正班车12辆,加班车3辆,第一圈行驶15辆,第二圈抽停3辆加班车。试排13:00开始的二圈行车时刻表。

课题三　城市公共汽（电）车运行调派

活动一　运行调派概述

相关知识

运行调派将运行计划转化为运行指令,指挥城市公共汽（电）车日复一日的运行活动,是运行计划工作的延续,是运行活动的前奏,是城市公共汽（电）车运行调度的重要内容之一。

一、运行调派的意义

运行调派包含两层内容,一是对运行车辆的调度,二是对行车人员的调派,通过调派,将运行计划进一步具体落实到每一个人、每一辆车,从而保证线路的正常运行。

(1)运行调派是贯彻落实行车作业计划的有力工具。通过运行调派工作,将行车作业计划变为运行车辆与行车人员的具体行动。

(2)运行调派是挖掘运能潜力的有力手段。运行调派可以合理利用车辆,增加工作车日、车时,提高车辆利用率。

(3)运行调派是正常运行秩序的基本保证。当运行现场出现异常情况时,运行调派能对行车作业计划作适时的调整或对异常问题及时解决,恢复运行秩序。

(4)运行调派是运行管理传递信息的重要渠道。运行工作中取得的业绩或遇到的问题通过运行调派输送到有关部门和相关领导,保证上令下达,下情上传。

目前,上海巴士公交有限公司下属各公司行车计划调派都由各个车队(分公司)由专人编制。

二、运行调派的基本原则

1. 准确性

运行调派下达的指令必须准确无误。

2. 严肃性

对行车作业计划必须严肃认真贯彻执行。

3. 平衡性

运行调派工作应做好生产能力的综合平衡工作。

4. 可变性

当实际情况与行车作业计划严重相悖时,运行调派必须在规定的权限内,根据实际对行车作业计划作积极的调整。

5. 及时性

运行调派对运行中的异常情况要事后弥补,更要事先预防。

6. 统一性

调派室是下达运行指令和收集运行信息的中心,统一下达运行指令,统一收集运行信息。

7. 群众性

依靠广大的职工群众,同心协力完成任务。

8. 经济性

在保证社会效益的前提下,提高车日、车时利用率,注重企业的经济效益。

活动二 运 行 调 派

 相关知识

一、运行调派的内容

分为运行前的调派、运行中的调派、运行后的调派三个过程。三个过程的密切联系、有

序循环,才能确保线路运行生产的正常秩序。

1. 运行前的调派

运行前的调派见图4-17。

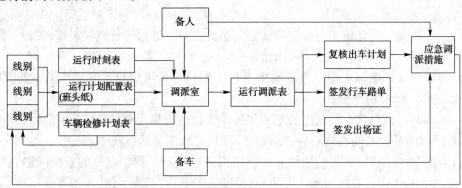

图4-17 运行前的调派

2. 运行中的调派

运行中的调派见图4-18。

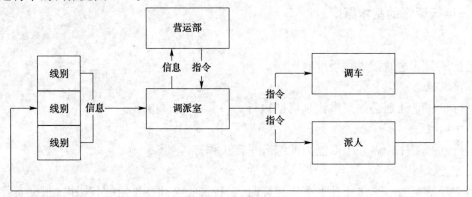

图4-18 运行中的调派

3. 运行后的调派

运行后的调派见图4-19。

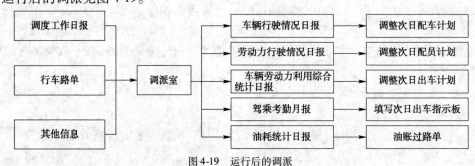

图4-19 运行后的调派

二、运行调派的职能

1. 指令职能

运行调派根据行车作业计划向驾乘传达运行命令的功能。

2. 协调职能

运行调派按一定比例将人员、车辆在时间空间上有机组合起来,形成和谐统一的功能。

3.反馈职能

运行调派对一线情况、资料的收集整理、储藏、传递、使用的职能。

4.控制职能

运行调派对一线异常情况积极采取措施,同时予以纠正的职能。

三、运行调派组织机构图

此处略。

四、运行调派表

运行调派表是调度车辆和派遣驾乘的工作指令表。

五、运行调派统计报表

(1)运营车辆指标;
(2)劳动力利用指标。

思考与练习

1.运行调派的内容有什么?
2.了解运行调派的流程(图)。
3.熟悉运行调派的职能和相关统计报表。

课题四　城市公共汽(电)车行车现场调度

活动一　线站调度员工作

 相关知识

一、岗位资格要求

(1)职业道德:遵章守纪,爱岗敬业;
(2)专业要求:取得行业主管部门颁发的"城市汽车、电车调度证",具有一定的沟通能力、现场应变能力和很好的执行能力;
(3)文化素质:高中文化程度,经过岗位专业培训;
(4)工作经历:两年及以上乘务或相关经历;
(5)健康要求:经检查身体健康无疾病。

二、责任

(1)对营运管理和行车作业计划有组织、实施、建议权;
(2)在职责范围内,可根据生产实际对行车作业计划进行必要的调整;
(3)行车人员违章违纪影响营运秩序或危及行车安全的,有权停止当事人工作;
(4)对线路营运生产的劳动条件、安全措施、技术措施有权提意见、建议,对违反有关规

定的有权向上级反映,涉及人身安全的可拒绝执行;

(5)贯彻执行国家、行业和企业制定的各项规章制度、标准要求;

(6)有事业心和责任感,秉公办事;

(7)负责线路营运现场调度控制和相关数据采集和记录;

(8)了解掌握所辖区域客流动态、道路状况;

(9)对因自己工作失误而造成企业损失或其他不良影响承担责任。

三、工作前要求

(1)穿着识别服,佩戴调度证(值勤标志),仪表端正,衣着整洁;

(2)提前 15min 向值班调度报到;

(3)校对钟表,检查调度系统、电子显示屏等设备情况;

(4)按照当日行车作业计划,了解和掌握线路、车辆、人员配备情况、动态,做好应对准备;

(5)做好站点环境整洁工作,报表用具摆放整齐。

四、工作中具体要求

(1)严格执行行车作业计划;

(2)保证首末班车准点发车;

(3)在规定时段正确使用报话器和车辆调度电子显示屏;

(4)遇突发情况引起车辆脱挡或行车秩序紊乱时,严格执行误点车辆的调度规定;

(5)正确使用智能化营运调度控制系统;

(6)如实记录和填写各类报表;

(7)遇到风、雪、雨、雾、冰、酷暑等危及行车安全的特殊天气,应提醒行车人员安全行车;

(8)交接班时应将营运状况和未了事项交待清楚;

(9)发生影响营运秩序、给乘客乘行造成重大影响的事件,应及时处理、解决;

(10)用普通话耐心解答乘客问讯,妥善处理行车人员移交的票务纠纷;

(11)接到上级调度命令,应坚决服从;

(12)行车人员和乘客移交的遗留物品,要及时登记妥善保管,做好招领工作;

(13)最后一班调度员下班前,应写好当班调度日志,做好当天路线营运情况汇总表,搞好环境卫生,在末班车发车后离站。

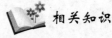 思考与练习

1.口头描述线站调度员工作的特点。

2.以小组讨论形式进行,总结归纳线站调度员工作最重要的 3~4 点内容。

活动二 行车现场调度管理

相关知识

一、线站调度员的配置

(1)市区线路的起讫站(单向调度形式线路的起始站);

(2)郊区的一、二、三级客运站;

(3)线路长度在 10km 以上,有条件设站的中途重点站;

(4)与全程车分开设置的区间发车站;

(5)夜宵线和车距在 15min 以上的市、郊线路的一端始发站;

(6)有临时用车任务或组织临时线路运送,用车数量在 5 辆以上的。

二、当值调度员需要及时汇报的意外情况

(1)因交通受阻、肇事、纠纷或客流拥挤发生行车脱挡,市区线路在 15min 以上,郊区干线在 30min 以上的;

(2)因火警、道路施工、集会游行等导致交通间断或绕道行驶的;

(3)因电车线网架空事故而影响车辆停驶的;

(4)因公路塌方、桥梁断裂等造成交通中断的;

(5)遇台风、暴雨、积水、冰雪雾天等影响全线车辆正常停驶的。

三、现场调度数据

营运调度计划和行车作业计划的实施情况须如实记录;营运现场填报的各类数据和报表应真实、客观,不准作假瞒报。

四、现场调度工作的基本要求

(1)首末班车发车率 100%;

(2)高峰小时计划班次执行率 ≥ 95%;

(3)行车大间隔(日)发生率 ≤ 3%。

五、起讫站管理

(1)保持站台秩序良好,早晚高峰时段有专人维持秩序,实行排队上车,上客车辆按序停放,方便乘客乘车;车辆脱挡时应在车边调度,迅速发车。

(2)内环线内的起讫站营运车辆占道停放的,一条线路高峰时段停车不得超过两辆,在客流低谷时段或者行车人员就餐时段允许临时停三辆车。

六、误点车辆的调度

(1)行驶车辆误点到站,未超过规定发车时间的,采取减少停站时间办法及时发车。

(2)行驶车辆误点时间较长而且有多辆车同时到站的,采取放站措施需注意:

①不得连续二辆放过同一站,特别注意不得放过重点站;

②误点车辆有下列情况不准放站:

a.驶至对方站停驶或进场的;

b.平均站距超过 1 000m 的高峰线或大站车(始发站已满载的除外);

c.夜宵线和车距在 15min 以上的郊区线路;

d.末班车或误点车辆仅一辆到站的。

③郊区线路车辆误点时间超过规定发车时间 15min 的,要迅速利用备用车或停驶车填挡行驶。

(3)行驶车辆误点时间较长而且有多辆车同时到站的,也可采取区间调头的措施,弥补损失的时间,填补脱挡的行车大间隔,尽快恢复正常行车秩序,但不得连续二辆同时调头。

思考与练习

1. 你认为公交线站调度员如何配置更科学合理?说明理由。
2. 对公交起讫站的管理是否有更好的办法?说明理由。

活动三 线站调度员操作规范

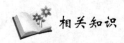 相关知识

一、营运前操作规范

(1)穿着统一识别服,衣着整洁,仪表端庄,佩戴调度证。
(2)校对钟表,查看交接日记和本线路车辆、人员配备情况,做好行车调度准备工作。
(3)检查车辆调度电子显示屏,遇故障及时报修。
(4)做好站点清洁工作,保持环境整洁。
(5)动员、引导乘客排队上车,文明乘车。
(6)督促驾驶员按规定停放营运车辆,维护停车秩序。

二、营运时操作规范

(1)严格执行行车作业计划,认真填写行车日报和行车路单,如实记录营运情况。
(2)正确使用报话器和车辆调度电子显示屏。
(3)使用普通话,耐心解答乘客问讯。
(4)妥善处理驾驶员、乘务员移交的票务纠纷。
(5)遇特殊气候、其他影响行车安全的情况,及时提醒驾驶员注意行车安全。发现驾驶员、乘务员有严重违反营运纪律的行为应及时制止,并向上级有关部门报告。
(6)及时登记、妥善保管驾驶员、乘务员移交的乘客遗失物,做好招领、上交工作。
(7)做好首末班车准点发出工作。
(8)遇客流集中、行车秩序混乱等情况,应车边调度,并做好乘客的宣传安抚工作。
(9)营运中发生重大事件,应按规定向及时有关部门报告。
(10)接受营运管理人员的监督、检查。
(11)督促驾驶员、乘务员执行一单程一检查,防止乘客物品遗留在车厢。
(12)督促驾驶员、乘务员离去时拔去钥匙或安排人员车下看护。

思考与练习

(小组讨论形式)

1. 如何理解和掌握营运前的操作规范?可针对某一条规定进行讨论分析。
2. 如何理解和掌握营运时的操作规范?可针对某一条规定进行讨论分析。

活动四 行车现场调度概述

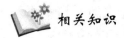 相关知识

一、行车现场调度的具体任务

1. 正常行车间距

行车间距是线路营运服务质量标志之一。在运行过程中,由于各方面的原因,往往会扰乱和破坏行车组织方案所规定的行车间距,行车现场调度就是要及时采取措施,尽可能迅速地恢复正常的或是原有的行车间距计划,尽快地纳入计划运行。

举例说明:

正常行车间距是行车现场调度的主要工作内容之一。造成行车间距不正常一般有主、客观原因。

主观原因:

(1)行车人员交、接班不准时;

(2)驾驶员有意或无意开快、慢车。

客观原因:

(1)道路交通阻塞、集会、车辆肇事、车辆故障等情况影响车辆准时营运;

(2)客流突然增高或降低;客运车辆比规定增加或减少。

行车调度员为正常行车间距通常采用的方法有:①减等分;②调频法;③调距法;④调站法;⑤调程法;⑥填补法等。

2. 恢复行车秩序

营运车辆在线路上是按规定的前后次序运行的,但经常由于各种原因,往往会造成行车次序颠倒。行车现场调度就应在不影响服务质量的前提下,尽可能地及时恢复原来的行车次序。

举例说明:

造成行车次序颠倒的原因有:

(1)与造成行车间距不正常主、客观原因相同;

(2)有时为正常行车间距的需要,采取适当的措施后形成行车次序颠倒。

行车调度员为恢复行车秩序通常采用的方法有:

①同处理行车间距不正常的调度方法;

②恢复行车秩序一般在行车间距基本正常的情况下进行,通常在高峰时段行车间距不正常的情况下,应优先考虑充分利用现有的运能尽快运送乘客和尽量恢复正常行车间距,而正常行车秩序一般是在低谷时段内进行。

3. 延缩行驶时间

车辆在线路上营运,是按规定的周转时间在起讫站(始末站)间往返运行。但在运行过程中,由于种种意外情况,会造成周转时间不够(或有余),此时,现场调度就应适当放宽或缩减周转时间,同时调整好行车间距,确保服务效益和经济效益。

举例说明:

造成车辆营运的周转时间变化的原因有:

(1)气候突然变化,如迷雾、雷暴雨等,影响车辆行驶速度,造成原有计划周转时间不足。

(2)道路狭窄、行人车辆增多,造成道路阻塞。
(3)因整修道路或铺设设备,造成行驶速度下降,周转时间不够用。
(4)沿线客流大量增加,造成车厢满载系数上升,中途停靠站时间增加,使周转时间不够用。
(5)沿线客流骤减,道路畅通,或临时缩线,使原有计划周转时间有多余。

行车现场调度员通常采用的处理方法有:

①按实际情况延缩计划行驶时间,增加或减少行驶车辆,保持原有行车频率。

②无条件增加车辆,则采用调频法放长行车间距。

若周转时间有多余又不准备减少车辆,则采用放长始末站休息时间或增加行车频率。

4. 增减运送能力

计划安排的运能,是适应正常情况下乘客动态的一般规律。但当行车现场的客流突然发生较大变化时,为了保证服务质量和营运效益,现场调度就应采取各种调度措施,增加或减少运送能力,以适应客流变化的需求。

举例说明:

造成运能与运量不相适应的原因有:

(1)沿线客流量显著发生变化;(分析有哪些原因?)
(2)气候变化;
(3)道路情况变化。

行车现场调度员通常采用的处理方法有:

①增加或减少行驶车辆,调整行车频率;

②当无法增加车辆,而客流又呈局部断面上升时,则采取部分车辆由全程行驶改为区间行驶,借以增加高客流断面的运能;

③属全线短时间客流增加,同时又无能力增加车辆时,则采用调频法。

如无法增加车辆,而客流的变化主要体现在沿线几个主要集散点的集散量有较显著的增长,则采用调站法增强运送能力。

5. 变动行驶线路

在规定的行驶路线上常常会遇到某些意外情况,使行车道路受阻,致使车辆难以通行,甚至无法通行。如:火警、交通事故、道路塌方等。当现场受阻时间较长时,现场调度就要当机立断,临时改变行驶的路线,以解决乘客的乘车需求。

举例说明:

行车现场调度员通常采用的处理方法有:

(1)绕道行驶:即临时变动路线,绕过阻塞地段,采用绕道行驶时,行程长度和行驶时间必然有所增减,需根据周转时间和车辆情况,另行安排临时行车计划。

(2)分段行驶:把线路全程分成两段行驶,需重新安排分段行驶的临时行车计划。分段行驶后,车辆有多余,对抽停车辆和停车地点,要考虑到恢复全线行驶时的方便。

缩短行驶线路,阻塞地段在两端又无路可绕,可采用缩短行驶线路的方法,行车计划也应另作安排。

在采用变动行驶路线调度措施时,要求现场调度员除了业务上熟悉其值勤的线路的道路交通情况及沿线客流情况外,还需熟悉周围道路的道路交通情况,路幅、车流密度、交通量、道路长度所需的大约行驶时间、交通管理办法等。只有这样,才能做好变动行驶路线的现场调度工作。

二、行车现场调度的基本要求

严肃性、预见性、及时性、全面性、准确性、灵活性、协调性。

三、行车现场调度的调度原则

(1)以及时运送乘客为主,兼顾行车秩序的调整;
(2)以解决长距离乘客为主,兼顾短程乘客;
(3)以解决重点站客流为主,兼顾起讫站的乘客。

思考与讨论

1. 如何理解行车现场调度的基本要求?如由于种种意外情况,造成周转时间不够(或有余),行车现场调度如何处置?
2. 讨论分析行车现场调度的调度原则。讨论分析造成车辆营运的周转时间变化有哪些原因。
3. 城市地面公交重点站主要指哪些站?

活动五　行车现场调度基本方法

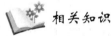相关知识

一、行车现场调度的分类

行车现场调度一般可分为常规调度和异常调度。

1. 常规调度

当线路上的运行情况基本上能符合行车组织方案的实施要求,全线处于正常运行状态时的现场调度,称之为常规调度。常规调度是基本调度,其基本内容概括起来有以下五点:
(1)按时下达运行指令;
(2)认真检查运行车辆的到达状况;
(3)特别注意车辆加入或退出营运时的行车间距的调节;
(4)妥善安排行车人员的用膳和交接班事宜;
(5)正确、及时、全面地做好有关报表的原始记录和汇总分析。

2. 异常调度

当行车现场由于种种的原因而造成行车秩序混乱,使行车情况不能符合行车组织方案计划时的现场调度,称之为异常调度。

二、现场调度常用的基本方法

行车现场发生的异常情况,不但是多种多样,而且是错综复杂的。车辆往往不能按计划时刻正常收发,车辆的误点程度及影响的范围都不尽相同,而且各线路的特点和发生异常情况的时段也都各不相同。行车现场调度工作,就是要综合运用多种调度措施(方法),灵活及时地解决现场发生的异常情况,迅速恢复正常的行车秩序。因此,行车现场的线站调度员应该熟悉掌握下述一些现场调度时常用的基本方法。

（1）调频法

在不增加车辆的情况下，根据实际客流变化的需要，用调整行车间距的手段来适当增加客流主高峰时段的发车频率的一种方法。运用这种方法，要求线站调度员临时合理调整车辆运转时刻，调节分时段的行车频率，即乘客多时频率高、车距小，乘客较少时则频率低、车距大，以此达到解决主高峰时段乘客乘车需求的目的。增加行车频率，必然是缩短行车间距，称之为"收"，减少行车频率，必然是放长行车间距，称之为"放"。具体方法有先放后收、先收后放、放收放。

（2）调站法（也称放站法）

调站法是指部分营运车辆在线路上运行时，不停靠若干站点，通过少停站，减少中途停靠站时间，加快运送速度，以弥补少量误点时间，尽快恢复正常行车秩序的一种方法。常用的方法有直放站、放大站、连续梯形放站、交叉放站、超车放站等。

采取调站法调度措施时，要对沿线的客流动态做到心中有数，切忌车辆放过高断面或重点站，或连续多辆车放过同一站而影响服务质量。

（3）调程法（也称区间调头法）

调程法是指车辆误点脱挡时间较长时，采取区间调头、缩短行驶里程、减少周转时间，以弥补损失的误点时间，同时解决因脱挡造成的积压在高断面的客流，尽快恢复正常行车秩序的一种方法。常用的区间形式有一端区间、二端区间、中段区间。

（4）调时法（也称延或缩）

调时法是指根据运行现场变化情况，适当放宽（或缩短）周转时间，努力保持行车秩序正常的方法。具体做法是确定延时（或缩时）的起始时刻、计算延时（或缩时）后的周转时间、计算延时（或缩时）后的行车间距、临时编排新的运转时刻表。

（5）调能法（也称加车或抽车法）

调能法是指运行现场临时发生增加（或减少）营运车辆情况时，合理调节安排线路运输能力的一种方法。增加（或减少）营运车辆数等于增加（或减少）的行车间距个数。为了使加入（或抽出）车辆的前后车辆的发车时刻达到车距均衡的目的，需要对原有的行车间距计划进行适当调整。

（6）调序法

调序法是指线站调度员根据现场的实际情况，或出于某种需要（如用膳），临时调整行车车序号的一种方法。即将原来的车序号临时重新组织调整，需求结束后，仍需恢复到原来的行车次序正常运行。

（7）跨线法

跨线法是指利用线路上有余的运能，支援需要增加运能的线路，如大型社会活动需要，使一辆车能行驶多条线路或多种运行形式，充分挖掘车辆营运潜力的一种调度方法。

（8）填补法

填补法是指利用停驶车辆，如进场车、机动车或备用车等来填补行车大间隔空挡的一种方法。一般适用于郊区线路。

运行现场发生的异常情况是多种多样的，相互可能会牵连，例如，线路某段因抢修地下管道而造成交通中断，接交通指令必须绕道行驶，又有车辆故障抛锚，适逢车流高峰引起交通阻塞，车辆普遍误点，此时需要综合运用、延时、抽车、放站和区间调头等多种调度方法调整运行计划，才能尽快恢复正常行车秩序。关键所在是调整均衡行车间距，恢复正常行车秩序。

补充说明: 影响车辆正常行驶的情况分析如下:

1. 气候
(1)大雾;
(2)暴风雨;
(3)大雪路面结冰;
(4)低温(突发)。

2. 车辆故障
(1)常见故障;
(2)自燃。

3. 人员
(1)驾驶员生病;
(2)瞬时客流高峰;
(3)沿路老人增加;
(4)驾驶员吃饭。

4. 治安
(1)突发偷窃事件;
(2)游行集会。

5. 交通事故

6. 路面情况
(1)水管爆裂;
(2)气管爆裂;
(3)路面塌方;
(4)突发火灾封锁;
(5)路面施工改道;
(6)交通管制。

7. 电车架空线故障
(1)断电;
(2)架空线损坏(脱落)。

思考与讨论

1. 现场调度在正常运行状态时如何按时下达运行指令?(操作)
2. 现场调度如何正确、及时、全面地做好有关报表的原始记录和汇总分析?
3. 小组讨论分析当行车现场由于种种的原因而造成行车秩序混乱时,现场调度如何处置?

活动六 现场调度业务报表信息统计操作及统计分析

 相关知识

一、现场调度业务报表信息统计操作

现场调度作业原始记录是指现场调度人员对发生在营运第一线的运行生产活动中有关

情况和数据的记载。现场调度员的报表是公交企业行车情况最原始的记录,最能实际反映行车现场的实况。所以现场调度员除了调度车辆外,还应如实记录各种情况,利于汇总汇报。现场调度报表一般有线路行车路单、线路行车日报表、客票结算单,是线路运行生产控制最终产生成果体现。运用城市公共交通智能调度管理系统,实现实时、高效、快捷。

1. 业务报表基础信息统计

要求一:调度日报表

(1)第一步:点击页面上方的业务报表→调度日报表→调度日报,见图 4-20。

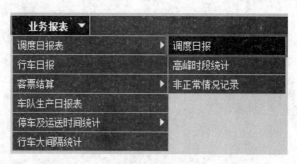

图 4-20　第一步示意图

(2)第二步:按照给出条件,输入路线 508 路,日期 2014 - 04 - 02,点击"查找"按钮,见图 4-21。

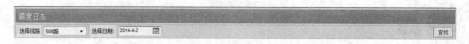

图 4-21　第二步示意图

(3)第三步:508 路当天的上行的完整班次数,见图 4-22。

港城路地铁站 调度日报　完整班次 127　非完整班次 2　总班次 129

路牌	车辆编号	头班-6:30	6:31-8:30	8:31-10:00	10:01-12:00	12:01-14:00	14:01-16:00	16:01-18:00	18:01-20:00	20:01-22:00	22:01-末班
1	009		6:50	9:58		13:22		16:08			
2	010		7:00		10:03	13:32		16:16	19:30		
3	011		7:08		10:08			16:24	19:46		
4	012		7:16		10:13	13:42		16:31			
5	013		7:24		10:18	13:52		16:38	19:38		
6	014		7:32		10:23		14:02	16:45		20:02	
7	015		7:40		10:29		14:55	17:42			

图 4-22　第三步示意图

计划班次与实际班次的差值如图 4-23 所示,应为 270 - 255。

时间段	头班-6:30	6:31-8:30	8:31-10:00	10:01-12:00	12:01-14:00	14:01-16:00	16:01-18:00	18:01-20:00	20:01-22:00	22:01-末班	统计
计划	13	42	31	30	28	28	35	33	25	5	270
实际	13	38	30	30	24	28	33	30	24	5	255

图 4-23　计划班次与实际班次差值

要求二:行车日报表

(1)第一步:点击页面上方的业务报表→行车日报,见图 4-24。

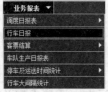

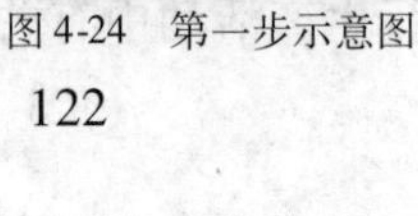

图 4-24　第一步示意图

(2)第二步:按照给出条件,输入企业巴士新新,路线 508 路,日期 2014 - 4 - 2,点击"查找"按钮,见图 4-25。

(3)第三步:在"实际班次/计划班次"栏目下进行查找,如图 4-26 所示。

点击该车辆右侧的"查看"按钮,可查看该车辆的最后一班达到时间,见图 4-27。

图 4-25 第二步示意图

图 4-26 第三步示意图

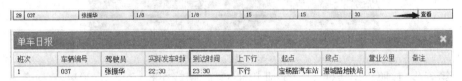

图 4-27 查看最后一班到达时间

2. 业务报表基础信息统计

要求一：客票结算与行车日报

(1)第一步：点击页面上方的业务报表→客票结算→营收汇总,见图 4-28。

123

图 4-28　第一步示意图

（2）第二步：按照给出条件，输入企业巴士新新，路线 508 路，日期 2014 - 4 - 2，点击"查找"按钮，见图 4-29。

图 4-29　第二步示意图

（3）第三步：在"汇总"栏目下，查找出金额最高的车辆编号，见图 4-30。

车辆编号	营运日期	人工售票收入	投币收入	IC卡收入	汇总
11 019	2014-4-2	0	872	2596	3468
12 020	2014-4-2	0	688	2746	3434
13 021	2014-4-2	0	558	2142	2700
14 022	2014-4-2	0	798	2428	3226
15 023	2014-4-2	0	488	2082	2570
16 024	2014-4-2	0	882	2528	3410
17 025	2014-4-2	0	632	2620	3252
18 026	2014-4-2	0	822	2698	3520
19 027	2014-4-2	0	682	2582	3264
20 028	2014-4-2	0	662	2674	3336
21 029	2014-4-2	0	872	2306	3178
22 030	2014-4-2	0	898	2516	3414
23 031	2014-4-2	0	824	2324	3148
24 032	2014-4-2	0	778	2708	3486
25 033	2014-4-2	0	922	1928	2850
26 034	2014-4-2	0	722	2688	3410
27 035	2014-4-2	0	832	2922	3754
28 036	2014-4-2	0	788	1692	2480
29 037	2014-4-2	0	122	518	640
30 038	2014-4-2	0	788	2276	3064

图 4-30　第三步示意图

（4）第四步：点击页面上方的业务报表→票额结算→POS 机营收，见图 4-31。

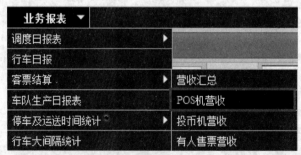

图 4-31　第四步示意图

（5）第五步：按照给出条件，输入企业巴士新新，路线 508 路；日期 2014 - 4 - 2，点击"查找"按钮，见图 4-32。

图 4-32　第五步示意图

(6)第六步:在"POS 人次"栏目下,找到所示的车辆编号为 035 对应的 POS 机刷卡次数,见图 4-33。

	车辆编号	营运日期	司售人员卡号	司机卡签到码	POS机编号	总金额	POS金额	其中老人优惠	其中换乘优惠	POS人次
11	019	2014-4-2	011	0640	0141	2596	1688	64	844	1266
12	020	2014-4-2	012	0520	0142	2746	1766	98	882	1325
13	021	2014-4-2	013	0652	0143	2142	1398	46	698	1049
14	022	2014-4-2	014	0520	0144	2428	1598	32	798	1199
15	023	2014-4-2	015	0702	0145	2082	1366	34	682	1025
16	024	2014-4-2	016	0550	0146	2528	1622	96	810	1217
17	025	2014-4-2	017	0710	0147	2620	1732	22	866	1299
18	026	2014-4-2	018	0600	0148	2698	1744	82	872	1308
19	027	2014-4-2	019	0718	0149	2582	1682	60	840	1262
20	028	2014-4-2	020	0610	0150	2674	1742	62	870	1307
21	029	2014-4-2	021	0726	0151	2306	1522	24	760	1142
22	030	2014-4-2	022	0730	0152	2516	1622	84	810	1217
23	031	2014-4-2	023	0618	0153	2324	1542	12	770	1157
24	032	2014-4-2	024	0738	0154	2708	1778	42	888	1334
25	033	2014-4-2	025	0742	0155	1928	1232	80	616	924
26	034	2014-4-2	026	0626	0156	2688	1732	90	866	1299
27	035	2014-4-2	027	0752	0157	2922	1892	84	946	1419
28	036	2014-4-2	028	0757	0158	1692	1066	94	532	800
29	037	2014-4-2	029	0634	0159	518	300	68	150	225
30	038	2014-4-2	030	0807	0160	2276	1466	78	732	1100

图 4-33 第六步示意图

(7)第七步:点击页面上方的业务报表→行车日报,见图 4-34。

(8)第八步:按照给出条件,输入企业巴士新新,路线 508 路,日期 2014-4-2,点击"查找"按钮,见图 4-35。

(9)第九步:在实际班次/计划班次栏目下,找到车辆编号 035 对应的实际班次数,见图 4-36。

要求二:生产日报表

(1)第一步:点击页面上方的业务报表→客票结算→营收汇总,见图 4-37。

图 4-34 第七步示意图

图 4-35 第八步示意图

	车辆编号	司机	实际班次/计划班次	全程班次/计划班次	营运公里	非营运公里	行驶总里程	操作
11	019	钱水平	10/10	10/10	150	15	165	查看
12	020	王川	10/10	10/10	150	15	165	查看
13	021	胡珂浩	6/8	6/8	90	15	105	查看
14	022	禁蓉	10/10	10/10	150	15	165	查看
15	023	柯雄明	6/8	6/8	90	15	105	查看
16	024	何平之	10/10	10/10	150	15	165	查看
17	025	叶东青	8/8	8/8	120	15	135	查看
18	026	韩景柱	10/10	10/10	150	15	165	查看
19	027	蒋新明	8/8	8/8	120	15	135	查看
20	028	李兵	8/8	8/8	120	15	135	查看
21	029	陈金良	8/8	8/8	120	15	135	查看
22	030	王建兴	10/10	10/10	150	15	165	查看
23	031	冯顺丽	8/8	8/8	120	15	135	查看
24	032	赵卫军	11/10	10/10	162	15	177	查看
25	033	倪建荣	9/8	8/8	132	15	147	查看
26	034	孙倩庆	8/8	8/8	120	15	135	查看
27	035	宗小慰	10/10	10/10	150	15	165	查看
28	036	王宏伟	6/8	6/8	90	15	105	查看
29	037	张振华	1/8	1/8	15	15	30	查看
30	038	刘丽	10/10	10/10	150	15	165	查看

图 4-36 第九步示意图

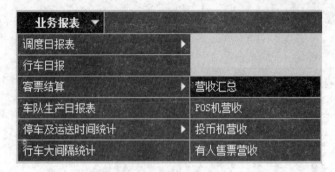

图 4-37　第一步示意图

(2)第二步:按照给出条件,输入企业巴士新新,路线 508 路,日期 2014 - 4 - 2,点击"查找"按钮,见图 4-38。

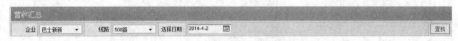

图 4-38　第二步示意图

(3)第三步:在页面左下方,可查看 508 路当天的营运收入,见图 4-39。

营收汇总

企业 巴士新新　线路 508路　选择日期: 2014-4-2　查找

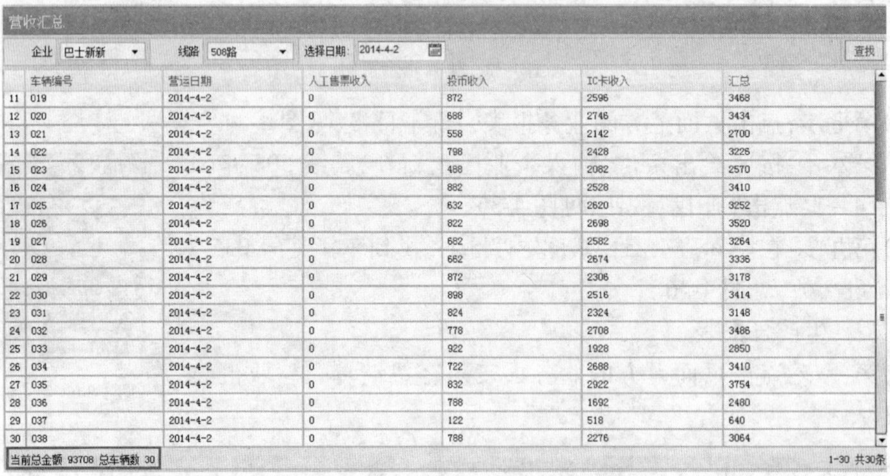

	车辆编号	营运日期	人工售票收入	投币收入	IC卡收入	汇总
11	019	2014-4-2	0	872	2596	3468
12	020	2014-4-2	0	688	2746	3434
13	021	2014-4-2	0	558	2142	2700
14	022	2014-4-2	0	798	2428	3226
15	023	2014-4-2	0	488	2082	2570
16	024	2014-4-2	0	882	2528	3410
17	025	2014-4-2	0	632	2620	3252
18	026	2014-4-2	0	822	2698	3520
19	027	2014-4-2	0	682	2582	3264
20	028	2014-4-2	0	662	2674	3336
21	029	2014-4-2	0	872	2306	3178
22	030	2014-4-2	0	898	2516	3414
23	031	2014-4-2	0	824	2324	3148
24	032	2014-4-2	0	778	2708	3486
25	033	2014-4-2	0	922	1928	2850
26	034	2014-4-2	0	722	2688	3410
27	035	2014-4-2	0	832	2922	3754
28	036	2014-4-2	0	788	1692	2480
29	037	2014-4-2	0	122	518	640
30	038	2014-4-2	0	788	2276	3064

当前总金额 93708 总车辆数 30　　1-30 共30条

图 4-39　第三步示意图

或者点击页面上方业务报表→车队生产日报表,按照给出条件,输入企业、日期,点击"查找"按钮。根据该页面,查找出 508 线路的当天营运收入,见图 4-40 和图 4-41。

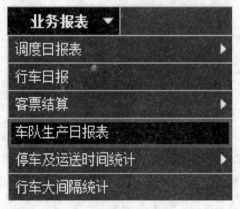

图 4-40　查找当天营运收入(一)

图4-41 查找当天营运收入（二）

（4）第四步：点击页面上方业务报表→车队生产日报表，见图4-42。

图4-42 第四步示意图

（5）第五步：按照给出条件，输入企业巴士新新；日期2014-4-2，点击"查找"按钮，见图4-43。

图4-43 第五步示意图

（6）第六步：根据该页面，查找出508线路的当天营运车日，见图4-44。

	线路名称	当天营运车日	累计营运车日	当天工作车日	累计工作车日	当天客运量	累计客运量	当天营运收入	累计营运收入	当天行驶公里
1	0508路	30	490	30	58	7650	18354	93708	168978	3827
2	930路	24	422	24	48	6450	15354	88708	158908	3127

图4-44 第六步示意图

二、现场调度作业中数据的统计分析

通过对现场调度人员记录的特定公交线路在特定时间内的运行情况分析，公交企业管理者或经营决策者就能及时了解各条线路在运行中存在的问题、隐患，及时采取措施进行优化调整，为市民的顺利出行提供高质量、高水平的服务。主要从车辆进出场情况、运行班次收发情况、行车人员值勤情况、客票出售情况、车辆故障情况、安全行车和营运服务状况等多方面进行分析，这些内容是公交企业统计和核算所必需的最原始的内容。

思考与练习

1. 如何填写线路行车路单？填写时应注意些什么？
2. 如何填写行车调度工作日报？填写时应注意些什么？

活动七　行车速度及影响因素分析

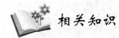

速度是时间的概念，提高公交车辆的运送速度，减少乘客出行时间，对公交企业来说是十分重要的。采取必要的措施提高运送速度，加速车辆周转，实现迅速、准点、经济的要求。

1. 速度的概念

速度是描述物体位置变化的快慢和方向的物理量。常用的速度单位有 km/h（千米/小时）、m/min（米/分钟）、m/s（米/秒）等。

想一想： 速度常用的单位之间是如何进行换算的？

2. 平均速度

常用平均速度描述车辆的运行状态，即通过若干次的观测，记录事先确定长度的道路上不同车辆或车次的通过时间消耗，然后加以平均。

3. 行车速度

行车速度可分为设计速度、极限速度、技术速度、运送速度、周转速度。

（1）设计速度——反映的是车辆本身的设计性能。

（2）极限速度——根据行车安全而设定的最大允许速度。

（3）技术速度——车辆在线路上行驶的平均速度，又称平均技术速度。

$$平均技术速度\ V_{技} = \frac{线路长度}{纯运行时间} \times 60 \quad (km/h)$$

（4）运送速度——运送乘客的实际速度，反映乘客旅行时间的速度。

$$运送速度\ V_{送} = \frac{线路长度}{平均运送时间} \times 60 \quad (km/h)$$

$$运送速度\ V_{送} = \frac{营业行驶里程}{运送车时} \quad (km/h)$$

（5）周转速度——车辆周转次数快慢的速度，又称运营速度或营业速度。

$$运营速度\ V_{营} = \frac{线路长度}{营运时间 \times 60} \quad (km/h)$$

$$运营速度\ V_{营} = \frac{营业行驶里程}{营运车时} \quad (km/h)$$

4. 影响行车速度的主要因素分析

影响行车速度的主要因素见图4-45。单程行车时间构成见图4-46。

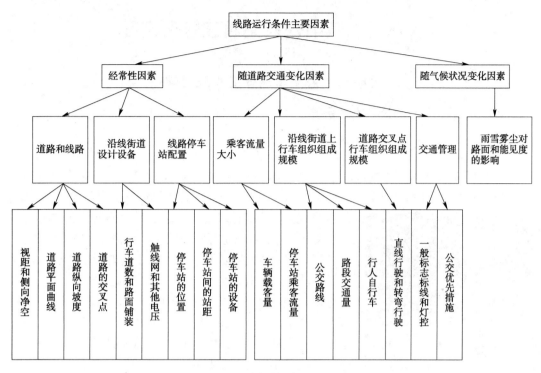

图 4-45　影响行车速度的主要因素

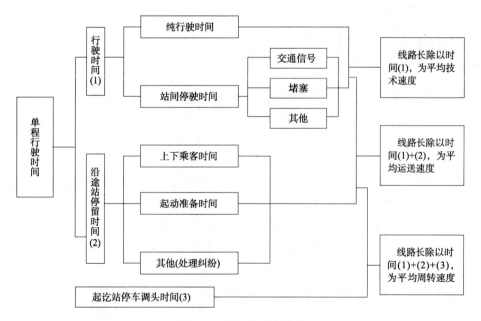

图 4-46　单程行车时间构成

思考与练习

1. 比较平均技术速度、平均运送速度、平均周转速度有什么不同的地方?
2. 讨论分析影响行车速度的主要因素。
3. 讨论分析采取什么样的措施可以提高运送速度,加速车辆周转?

课题五 城市公共交通信息化调度

活动一 公交车辆智能车载终端

任务一 认识先进的公共交通系统

一、先进的公共交通系统的概念

先进的公共交通系统（Advanced Public Transportation Systems，APTS），就是在公交网络分配、公交调度等方面应用现代通信、信息、电子、控制、计算机、网络、卫星定位、地理信息等技术实现公共交通管理，通过建立公共交通智能化调度系统、公共交通信息服务系统、公交电子收费系统，实现公共交通调度、运营、管理的信息化和智能化，为出行者提供更加安全、舒适、便捷的公共交通服务。德国城市公共交通见图4-47。

随着国民经济的飞速发展，城市人口日益膨胀，机动车辆急剧增加，城市交通运输压力越来越大。不论是在发达国家还是发展中国家，这一瓶颈问题都日益突出。光靠修建道路已经不可能解决城市交通的问题。提高城市交通管理水平，合理调度公交、出租、特种行业等车辆，并及时智能化地调控道路与停车场的容量，是解决城市交通紧张矛盾的最为有效的措施。城市公共交通具有运载量大、运送效率高、能源消耗低、相对污染少、运输成本低等优点，所以智能城市公共交通有很大的发展空间。

图4-47 德国城市公共交通

现行公交调度基本上还是采用传统的手工作业的调度方式，在传统的公共车辆的调度中，由于调度人员无法了解已发车辆数、乘客流量、交通环境等情况，只能按照行车时刻表进行调度，这样往往造成了许多资源的浪费或者乘客滞留在车站等情况。城市公交人工调度方法已经不能满足实际的需要。如何能让调度中心能"看的着、听得见"调度所必需的信息呢？这就要求公共交通调度系统能够快速、准确地采集包括车辆的位置和状态信息、沿线的道路信息、沿线的客流信息等，为智能调度提供支持。这样，才能够从车流、客流、路况等实际出发，选择最佳的调度方案，让整个公交线路运行在最佳的状态，从而为城市公共交通带来良好的经济效益和社会效益。

作为ITS研究的一项重要内容，APTS主要以出行者和公交车辆为服务对象。APTS为出行者提供客流量、交通流量、车流位置、紧急事件地点等动态信息，同时也为出行者提供交通法规、地理管制措施、公交线路等静态信息。目的是帮助出行者规划出行、选择最佳路线、避免交通拥挤、节约出行时间。对于公交车辆来说，APTS主要实现对其动态监控、实时调度、科学管理的功能，从而达到提高公交服务水平的目的。

二、智能公共交通管理系统简介

1. 系统功能

城市智能公共交通管理系统是为管理城市道路公共交通情况而开发的大型集成系统，

目的是实现交通管理的现代化、实时化和信息化。该系统能够实时采集道路公交信息,及时准确地确定公交车辆位置,方便乘客查询,对紧急事物做出迅速反应。系统的具体功能如下:

(1) 公交信息采集

公交部门可以在公交车站和某些关键路段安装电子站牌,采集过往的公交车辆数据,包括某车辆配套的车载卡号码、该车辆经过时间等信息。电子站牌能定期通过 GPRS 网络将采集到的信息发送到公交部门的信息中心。

(2) 交通数据分析

安装在各车站的电子站牌可对该车站进行车流量统计、车辆走向统计分析。这些交通数据将通过 GPRS 网络传送给公交部门的信息中心,信息中心据此可以分析、管理整个线路的公交状况和流量分布,为城市的公共交通规划和管理提供有价值的依据。

(3) 电子站牌

电子站牌处安装车辆检测器和显示屏。电子站牌可以查询检测到驶进工作范围内(10m 或 100m)的所有公交车辆信息,可以显示各公交车辆所处的车站位置,全路线所有车辆的位置动态刷新,一目了然。电子站牌可以与通过 GPRS 短信与信息中心建立通信连接,接受公交部门信息中心的各种指令信息,向信息中心传送采集到的数据。

(4) 车辆故障救援

车辆在道路上发生故障时,如果在电子站牌的工作范围内,驾驶员可以通过车载卡向最近的电子站牌发出求助信号,由电子站牌将车辆相关信息和故障情况发送给公交部门的信息中心。信息中心收到求助信息后,及时进行处理,为驾驶员们提供最快的救援措施。

(5) 车辆记录管理

公交部门的信息中心存储所有登记公交车辆的历史记录,如车型、牌照、所属路线、驾驶员信息等。当某一车辆违章时,电子站牌记录下此次违章信息,并通过 GPRS 传送到信息中心,从而对车辆的违章记录进行系统的管理和统计。

公交部门的信息中心还可以与汽车维修系统进行联网,实现数据共享,将各个公交车辆的检修信息与车辆记录统一起来,构成车辆档案。该档案为公交部门的车辆维护保养和车辆报废审查等工作提供了有力的原始资料。

2. 系统结构

系统采用三层结构的形式,即电子站牌、信息中心层和公交车辆层。

(1) 电子站牌

电子站牌的任务是采集原始的公交车辆交通数据,自动进行初步分析或根据信息中心的指令进行针对性的分析,在显示屏上显示公交路线和车辆位置信息。采集的数据发送到公交部门的信息中心,也可以根据信息中心的指令随时发送需要的信息数据到车辆终端。电子站牌采集的数据包括过往车辆携带的车载终端标识号码以及该车辆经过该电子站牌的时间。在此基础上进行初步分析,可以得到车辆走向分析、车流量、路面阻塞情况等数据。电子站牌采集到的数据形成报告通过 GPRS 向信息中心发送报告。

(2) 信息中心层

信息中心是公交信息的汇集和分析处理中心,主要功能包括存储电子站牌提交的数据、提供终端及远程数据检索功能、控制数据采集层、交通全面监管及调度中心、领导查询等。

(3) 公交车辆层

为了完成自动识别,公交车辆上安装了带有小显示屏的车载终端,车载终端将自动识别和短距离无线通信集于一身,车载终端固连在车辆上,使公交车辆具有了唯一的标识号。在首末站和枢纽站管理中,调度人员无需与驾乘人员进行面对面的人工操作,可以直接通过车载终端形成电子路单,做到无纸化电子调度,大大提高工作和车流效率。

任务二　认识公共交通信息系统

一、基础数据信息分析

智能公共交通系统所涉及的基础数据主要由车辆信息、客流信息、路况信息等部分组成。

1. 车辆信息

车辆是公共交通的重要组成部分,是整个公共交通系统的最终执行设备。车辆信息又可分为车辆静态信息、车辆动态信息和车辆自身运行信息等。在系统中,车辆的动态信息尤为重要。

(1)车辆静态信息。包括线路车辆数、车辆载客定员等,这些信息由调度管理人员录入系统数据库内,并要根据变化实时更新,是调度系统的基础数据。

(2)车辆动态信息。包括车辆实时位置信息、速度信息、每辆车到达各站点的时间、每辆车离开各站点的时间、站间运行时间、站点滞留时间等数据。

2. 客流信息

客流是公共交通的服务对象,其在空间和时间上的分布特性将对城市公共交通产生决定性的影响。要想获得其分布特性,客流检测必不可少。客流检测可分两个部分进行:公交汽车车体客流检测和站点客流检测。

公交汽车车体客流检测主要采集车辆在各个站点的上车乘客人数、下车乘客人数以及车上的乘客数,从而获得各个时刻车辆的满载率。满载率是城市公共交通的一个重要参数,它不仅是公交调度的重要依据,也是反映公交公司运营状况的重要依据。另外,站点的等车人数对调度系统有很大的指导意义,在一定程度上会提高整个调度系统的响应时间。

3. 路况信息

现在城市交通的状况非常复杂,路况信息也是很大的影响因素之一。路况信息包括路阻、施工、事故、封路、天气情况等。堵车、事故等情况时有发生,且难以预见,这将给公交调度系统正常运行带来干扰。为了提高调度系统的稳定性和抗干扰能力,路况信息也要及时检测并传给调度中心。

二、数据信息采集技术

1. 车辆位置信息

通常采用的定位技术主要有三种:独立定位技术、地面无线电定位技术和卫星定位技术。全球定位系统目前已成为世界上应用范围最广、实用性最强的全球精密授时、测距、导航、定位系统。在我国,全球定位系统技术最有发展潜力的应用实际上是移动目标的定位、监控、指挥、调度系统。全球卫星定位系统是以几颗环绕地球运行的工作卫星为定位基点,通过对观测点和各卫星之间的距离测量,实时计算出观测点精确的地理位置、标准时间和速度等信息。系统具备全天候、全球覆盖、高精度的特点。在一般天气条件比较好的情况下,95%时间内,单点定位精度在1.5m以内,能够满足智能公共交通系统对定位精度的要求。

2. 车辆到离站时间

在线每辆车到达每站点的到离站时间也是从全球定位系统采集得到,通过全球定位系统可实现车辆自动报站功能。当车辆自动报进站的同时,从全球定位系统上取得标准时间信息,该时间就是车辆离站时间。

3. 客流量信息

客流分布是营运调度系统中的关键的因素。由于客流在时间和空间上分布的不均匀性,采用人工调查的方法获得客流分布,这种方法存在很多缺点,调查代价高,而且数据是一次性的,不能及时反映客流的变化,信息很快变得陈旧不能用。各站点上下乘客人数采集的方法有光电检测法、压力传感法和 IC 读取法以及视频分析法。

(1) 光电检测法

在公交车辆的上客车门处,装一个对射式的光电开关,每当有乘客上车时,将光电开关发出的光挡住时,接收器收不到光线,就会给出一脉冲信号,将该信号发给单片机处理器,该处理器记下脉冲数,便可得到上车乘客数。同样,在公交车辆下客门处,装一个同样的光电开关,可以得到下车乘客数。光电检测法见图 4-48。

图 4-48　光电检测法

此种方法在工业检测领域应用的非常广泛,也非常成功。但该检测方法用到公交客流检测上,有很多因素要考虑。比如:乘客的个体差异很大,高矮胖瘦不同,同时乘客上车的动作也不尽相同,再加上,有可能手提东西,很容易引起误动作。乘客上车要依次进行,为了区分开来,还要彼此留有空隙,因此,此种检测客流的方法,无论对乘客的行为还是光电开关的安装位置都有较为严格的要求,具体实施起来有较大的难度。

(2) 压力传感法

在公交车辆的上客车门踏板上,装一个压力传感器(图 4-49),当乘客上车时,由于人体的压力,传感器的接点闭合,给一个开关量信号,将该信号传给单片机处理器,即可累计测算出上车乘客数。同理在公交车辆的下客车门的踏板上也安装压力传感器,可测得下车乘客数。此种方法对人的个体差异要求较小,但仍要求乘客要依次上车,不可拥挤,否则,仍可能产生误动作。此种方法要求压力传感器的性能很高,能够长期稳定工作。该方案可行性较大。为了防止公交车拥挤时乘客站在踏板处,引起压力传感器的反复动作,而造成检测的误差,特设定一个车门打开信号,只有在车门打开的情况下,才有压力传感器计数有效。下车乘客的统计同理可以完成。

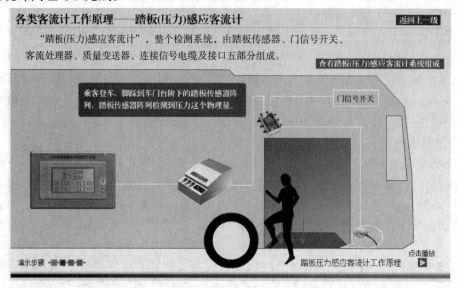

图4-49 压力传感法

系统采用了压力传感法对客流进行检测,由于乘客个体和行为的差异,对传感器给出的信号在硬件上和软件上都要进行滤波处理,需要在试验中获得乘客上下车的平均时间常数等参数,此方法有较好的性价比和可实施性。

(3)IC卡读取法

持有公交IC卡的乘客,在上车时,通过IC卡缴费,IC读取机读取车费的同时,累计打卡乘客数,此方法非常正确。但目前的状况是,并非每个乘客都通过IC卡缴费。考虑到对投币乘客的检测,在投币口处装一个红外检测器,当乘客投币时,感应手的动作,红外检测器给出一个脉冲,传给单片机处理器,记下投币人数,两者加在一起,便得到上车人数。但下车人数的监测仍要采用光电检测法或压力传感器法。比较之下,通过IC卡读取法检测客流的方式相对比较简单方便,既充分利用了资源,又对乘客行为没有严格的规范,是一种应大力提倡和推广的方法。

(4)视频分析法

视频分析法将乘客上下车的情况,记录下来,然后利用图像识别技术和软件分析等技术,识别出上下车的乘客数量,该方法比较复杂,价格也较高。

无论哪种方法,都需要对乘客的行为进行一定的规范。比如:乘客要严格遵守前门上车,后门下车的规定,否则,就要在前门和后门加方向检测器件和电路,增加其复杂程度和成本;乘客在上车和下车时,要注意前后顺序,不得拥挤,否则,很容易发生误动作,使检测产生误差。

三、数据信息应用

1. 在智能公交优化调度系统中的应用

(1)车辆位置信息在自动报站中的应用

全球定位系统信息可单向传输到车载终端,车载终端对所接受的数据进行分析,处理成经度纬度等内容。对取到的定位信息与站点的定位信息进行比较,在自动报站的情况下,能够自动顺序地播报进站和出战信息。

(2)车辆位置信息在公交信息服务中的应用

智能公交调度系统可为出行者提供全方位、多样化的信息服务。通过 Internet、智能电子站牌、车载电子显示屏、手机等信息系统,随时随地向乘客多渠道地提供有关线路信息、站点信息、在线车数、某站下班车到达该站的剩余时间等。由于这些服务信息直接面对乘客,如果显示结果和实际差距很大,会使乘客对公交智能化调度系统产生不信任感。比如下班车到达该站的剩余时间,其精度在公交智能化调度系统中是一个非常关键的指标,它的技术就用到了车辆的位置信息。

(3)客流量、车辆到离站时间等信息在公交优化调度中的应用

公交运营工作时公交企业的核心基础工作,它是根据客流的变化和具体运营条件及其他条件,安排不同车型的车辆和行车的组织方案。公交运营的参数主要包括发车间隔、车队规模、车辆维护、车种、人员配置和票价等。另外,车队车辆数和车型主要取决于发车间隔,所以根据客流、交通流信息建立公交线路发车间隔优化模型,从而合理调度车辆是公交运营工作的重中之重。

2. 在公交路网优化中的应用

实时检测到的客流量数据,不但是公交优化调度的决定性参数,而且对整个公交路网的优化也有着一定的指导作用。根据大量实时检测的路线各站客流信息、车辆到站时的下车乘客的概率等实时数据以及以往的客流调查资料,可以推算出乘客的登车站和目的站以及客流的方向等。系统能读取和记录测试线路车辆的到站时间、站点编码、上下车人数、车内人数等明细记录。依据线路每个站点不同时段的上下车客流形成分析曲线和报表,随时计算某站某时段的客流总量和满载率,统计整条线路的平均乘距、平均乘车站数、最大满载率等数据,而这些数据将体现出公交线路布设的是否合理、站点布设是否合理、乘客换乘是否方便等,从而指导公交企业对路网进行优化调整。

任务三　认识智能车载终端

一、公交车辆智能车载系统

随着公交优先战略的确定,公交的智能化是城市交通的一个重要发展方向,是从根本上提高公交服务水平的重要手段。公交车辆和客流数据是公交调度的基础,快速、准确的客流信息的获取,实现公交的实时动态调度对公交车载终端设备的智能化提出了更高的要求。公交车辆智能车载系统集公交车辆运营调度管理、运营记录、安全行驶记录、GPS 定位、自动语音报站、GPRS 无线数据传输、LED 文字显示、移动智能数字视频监控与三牌联动于一体的综合性智能车载。公交车辆智能车载系统由车载终端机、综合显示控制器、司机屏三部分组成,见图 4-50。

二、公交车辆智能车载终端的功能

公交车辆智能车载终端见图 4-51。

1. 调度监控功能

(1)车辆位置查询

该项服务向调度决策中心提供车辆当前位置的信息,包括车辆在地图上所处的位置附文字信息描述,车辆回传信息的时间及该时刻车辆的速度、状态、方向等,能够清楚地掌握移动目标的动态位置信息。

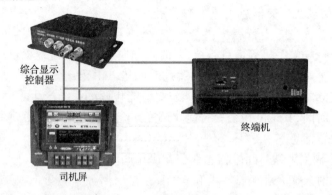

图4-50 公交车辆智能车载系统

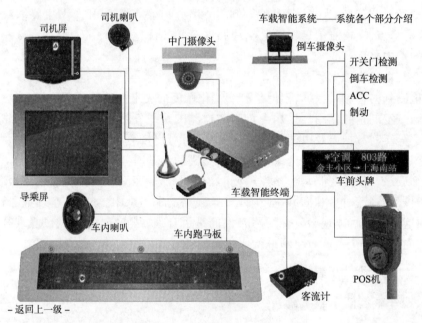

图4-51 公交车辆智能车载终端

(2)自动报站

通过全球定位系统接收机接收工作卫星的导航信息,从而解算出车辆目前的经、纬度等信息;根据系统定位数据计算出公交车的实时坐标,将其与站点坐标相比较,当公交车驶入站点一定距离范围内时,不用人工干预,系统自动报站。

(3)限定路线行驶

调度管理中心可选择使用该项服务,以限制和规范车辆的行驶范围。当车辆超出规定线路运营时,服务中心将得到警报,并立即自动向运营车辆车载设备发送越界警报警告,同时服务中心将对警报进行相应记载和处理。

(4)超速报警

车载终端能够监控车辆的行驶速度,可以采取根据系统定位信息或车速传感器信号这两种方式之一来确定车辆速度,当速度超过设定值一定时间后向中心发送超速报警信息,在没有收到中心确认命令情况下,以间隔5s时间向中心发送超速报警,但若车速低于设定值,自动取消超速报警信息。

(5)非法开门报警

公交企业可以根据需要,对车门开启可关闭进行必要的监控。此功能可以预先设置站点,对于不在站点内开门,车载终端将发出报警。

(6)跟踪报警

车载终端装有隐蔽的报警开关,遭遇抢劫时,驾驶员可方便而且隐蔽地通过它发出警报信号。监控中心对报警信号能立即做出响应,单向监听车内状况。监听时长、频率和次数可随意设置。监控中心对盗警和劫警具有识别人为误报的功能,报警信息一经确认,立即被转发到110、120、119、122等相关城市应急部门的分中心,监控中心与之联动的行为,为驾乘人员提供安全服务。

(7)地图功能和历史轨迹回放

调度中心的地图显示,采用先进的电子矢量地图,可在显示窗口中按比例放大或缩小。车辆被实时监控、查询及历史回放时,地图能自动调整被监控的车辆位于地图的中心(图随车移)车辆位置可以通过轨迹线、空间位置、文字信息三种方式显示出来。地图可以自动调整图层的级别,被监控车辆完全处于可视最佳监控视野。

监控中心有完善的数据库记录统计系统,能对车辆运行轨迹和车辆的状态信息进行存储,供以后随时查询或进行动态回放。

(8)实时调度

通过对车辆位置信息和道路信息的采集、传输和处理,实现对公交运营车辆的实时监控和可视化调度,调度人员能在任意时刻通过调度中心与车辆之间的车载终端发出语音或文字调度指令,并得到确认回复信息,实现智能实时的调度功能。

(9)车厢图像监控

控制中心可以向 GPS 车载终端发送拍照指令,要求 GPS 车载终端按照一定频率拍摄一定数量的图片,GPS 车载终端通过所连接的摄像头,以拍照的方式获得图像,图片被拍下来后,首先被压缩为 JPG 模式,以减小数据的大小,然后图片被保存在车载终端的存储模块,同时通过移动的 GPRS 无线通信网络,将图片传输到监控中心服务器,由服务器自动分发到发起命令的座席。

(10)远程维护功能

车载终端能够远程修改工作参数,而且能够远程修改中心 IP 地址和端口号,同时能够通过 GPRS 修改其他工作参数。

2. 统计查询功能

系统具有行车记录仪功能、报表管理功能、车辆运行信息管理、超速报警明细报表查询等,为公交企业的运营管理提供基础数据。

3. 数据管理功能

系统具有车辆新增、车辆信息修改的车辆管理功能和驾驶员、操作员的用户管理功能。

4. 安全管理功能

系统通过操作员级别机制、部门权限机制、区域权限机制实现操作员权限管理。

5. 日志管理功能

系统在运行中自动记录操作员的操作记录、车辆行驶路线记录、车辆报警记录等信息,提供对系统日志的相关查询、删除、导出等功能。

活动二　城市公共交通信息化管理

任务　了解城市公共交通信息系统拓扑图

城市公共交通信息系统拓扑图见图4-52,集群调度系统拓扑图见图4-53。

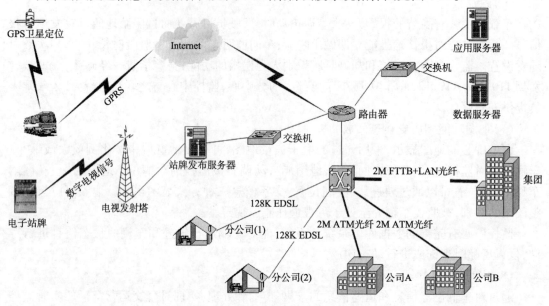

图4-52　城市公共交通信息系统拓扑图

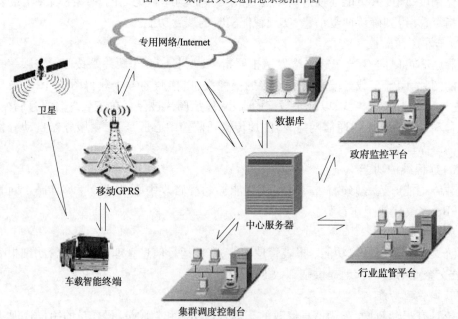

图4-53　集群调度系统拓扑图

一、2010年上海世界博览会智能交通系统

由"一个中心,六个应用系统"组成。

1. 一个中心:上海世界博览会 ITS 中心

上海世博会 ITS 中心是各应用系统的总控制和相互之间的协调中心,实现各应用系统互通互联、数据交换和共享,与上海市交通综合信息平台以及其他的 ITS 系统进行数据交换和连接,是保障世博交通有效管理和信息服务的神经中枢。

2. 六个应用系统

(1)上海世界博览会出行交通综合信息服务系统

出行综合信息服务系统(图 4-54)是指为广大游客提供覆盖所有交通方式的交通综合信息,能为不同出行方式、不同地方、不同偏好的游客全面了解世博会的交通状况,在游客出行前、出行中和园区内全过程中均能获得全面的综合的交通信息,并以"一个网站、一个电话"等简易方式提供服务。出行综合信息服务系统是世博会举办方为游客提供的最基本的交通信息服务。世博会出行综合信息服务系统由下列子系统组成:

①世博交通网站;

②手机用户交通信息服务;

③世博热线电话;

④交通电台专用频道、电视台等交通信息服务方式。

(2)上海世界博览会交通监控系统

智能交通监控系统作为智能交通系统的一个组成部分,在保证城市交通安全、畅通方面发挥着巨大的作用。可以作为了解交通状况和治安状况的一个窗口,是公安交通指挥系统不可缺少的子系统。建立视频图像监控系统的目的就是及时准确地掌握所监视路口、路段周围的车辆、行人的流量、交通治安情况等。交通视频监控的区域主要是城区主要道路,重点是交通流量大的路口、路段和事故多发点,所有监控视频信息全部送往监控中心,这一特点决定了交通视频监控网络为点对多点的分散型网络结构,各点距离监控中心的距离有近有远,远点长达十几千米到几十千米。该系统是由三级监控系统组成的具有高性能、多方面的检测手段,直观的数字检测显示、图像监视,完善的紧急电话报警功能,以及能及时、动态地发布警示、诱导信息的监控系统。

(3)上海世界博览会智能公共交通系统

公共交通承载85%以上的世博会直达客流,是世博会的最主要的交通出行方式。公共交通信息服务系统是在公共交通运营调度信息系统的基础上,为广大使用公共交通的游客提供方便快捷、完善周到、互动透明的换乘衔接信息服务、到站预告和预计行程时间信息服务等,力争公共交通快速准时,便捷舒适,尽量减少晚点延误和因信息不畅造成的拥挤。世博公共交通信息服务系统包括轨道交通信息服务系统、世博公交专线信息服务系统、水上巴士信息服务系统、出租汽车信息服务等四个子系统。世博会公共交通在交通组织与信息服务上应尽可能与常态下的公共交通相分离,将两股客流在时间和空间上适当分离,实行差别化引导服务,极大地提高了运行效率,保障世博游客运输的便捷和畅达。为了有效地组织和管理公共交通,有序快速地引导世博会的公共交通客流,必须将这些为世博游客提供特定服务的公共交通信息系统,统一规划建设,纳入世博会交通信息服务系统框架的规划和建设范围。

(4)上海世界博览会交通决策支持系统

根据上海世博会需求分析,交通决策系统将解决以下交通问题:进行交通流量调查,预测交通流量,拥挤属性分析,对交通拥挤进行疏导决策,对突发事件进行指挥决策以及根据

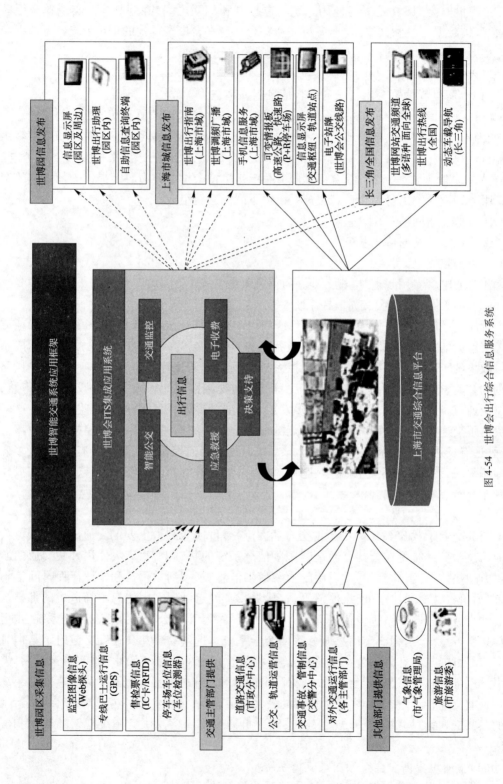

图 4-54 世博会出行综合信息服务系统

交通情况提供缓解交通压力的世博会策略等。其中,流量监测、疏导决策主要由人机交互子系统调用模型库中的模型来实现,模型库管理、预案库管理、策略库管理由各个子系统来实现。

交通决策系统流程见图4-55。

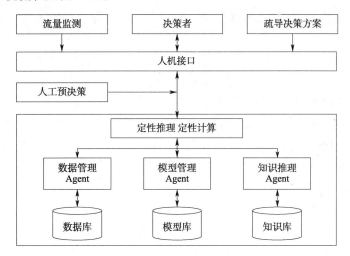

图4-55 交通决策系统流程图

基于多Agent世博会交通疏导决策动支持系统见图4-56。

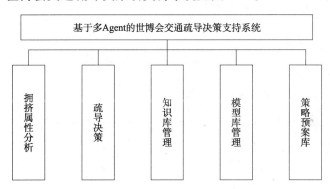

图4-56 基于多Agent世博会交通疏导决策支持系统

(5)上海世界博览会交通电子收费系统

电子收费系统通过采用灵活多样的票务管理机制,实现和预留多种收费模式及优惠方案,能够更好地配置城市公共交通资源;通过先进的、独特的系统安全技术,确保系统交易和数据的安全性、完整性;通过交易/收益对账模式,解决各级运营机构之间的交易对账问题;通过灵活的、全面的管理卡模式,提供准确的、全面的运营基础资料,为交通运营公司提供全新的辅助决策手段。

(6)上海世界博览会交通紧急事件管理系统

紧急事件管理系统(简称EMS)是智能交通系统重要的组成部分,EMS可以改善道路的安全性,如减少次事故,提高相关管理机构的运行效率,有效地利用现有的人力和物力,增大信息的发布范围和渠道,减少延误,减少事故反应时间,加快处理事件的速度,加快清理道路的速度,降低对环境的影响,降低运行成本,改善事件当事人、事件处理人员和其他道路使用者的安全程度

二、世博园交通面对大客流雷暴雨突发事有效应对

2010年8月下旬申城连遭短时雷暴雨袭击,依江而建的世博园更是直面雷电、暴雨、大风等多种气象,园内交通因此备受考验。面对突发状况,既要确保公交、轮渡等行驶安全,又要让园区内平安有序,在这背后,是园区交通管理部门一套套卓有成效的预案。

1. 安然度过雷暴天气

2010年8月26日19:30左右,强降雨突袭申城。19:37,世博水上交通管理中心便接到了园区二级管理平台的停航指令。与此同时,行驶在浦东园区的三条公交线路也接到了停驶指令,"宝钢大舞台附近积水比较严重,一旦深度超过15cm,就可能会对车内的电池、电容构成影响。"园区地面公交徐家强总指挥介绍,"暴雨会对驾驶员的视线造成影响,园区里人车混行又比较严重,继续行驶的隐患很大。"为了保证滞留游客在雨水间歇时迅速离园,园内公交仅在降雨最为密集的半小时内被迫停驶,之后便开足了所有备车,晚上10时过后,园内已不见游客滞留。

2. 客流密度史无前例

这里有一组数据:3.28km^2的世博园,运行着201辆新能源公交车、230辆观光电瓶车、22艘渡江轮船、4列轨道交通列车,每天负责运送约100万人次的客流。"这么小的空间,要完成如此大的客运量,可以说是史无前例。"对比以往,世博会时间跨度长,范围又限定在3.28km^2内,"要在这里面'下棋',比以前简单安排几条专线车麻烦得多!"因此,事先作好的预案起到了有效的作用。

活动三　公交智能调度系统

任务一　熟悉城市公交智能调度系统

城市公共交通智能化调度系统是城市智能公共交通系统的子系统,见图4-57～图4-66。综合运用通信、信息、控制、计算机网络、全球定位系统、地理信息系统等现代技术,根据实时的客流信息、车辆位置信息、交通状态信息等,通过对公交车辆的实时监控、调度指挥,实现对公交车辆的智能化管理,并通过电子站牌,及时准确向乘客提供下班车的预计到达时间,保障公交车辆运行有序、平稳、高效、协调,提高地面公交系统总体服务水平,实现资源的合理配置,提高公交企业的经济效益和社会效益。

图4-57　公交智能化监控调度系统介绍及功能原理

公交智能化监控调度系统——系统各个部分介绍

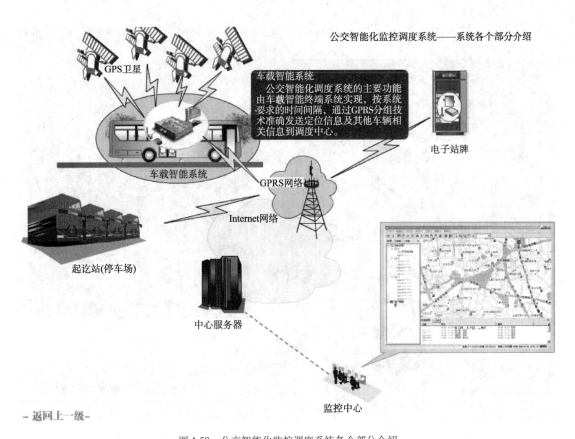

图 4-58　公交智能化监控调度系统各个部分介绍

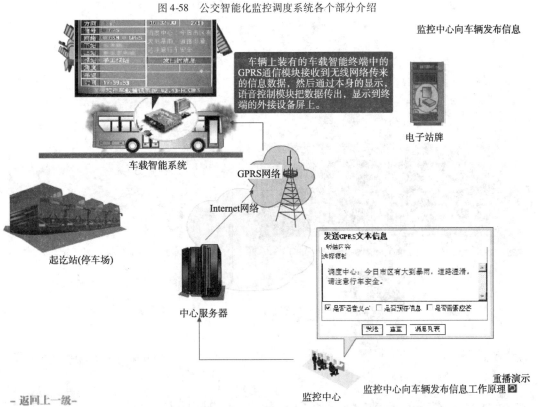

图 4-59　监控中心向车辆发布信息示意图

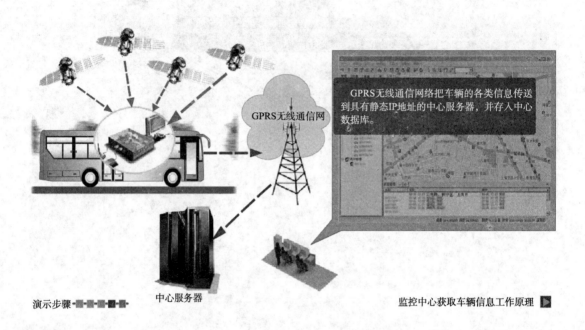

图 4-60　监控中心获取车辆信息工作原理(一)

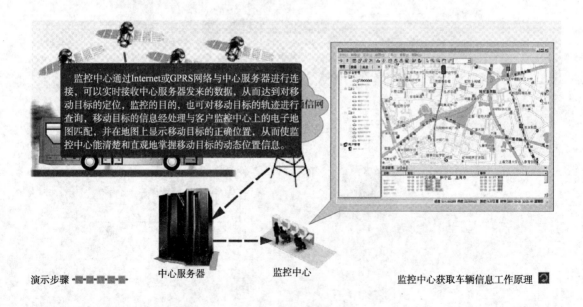

图 4-61　监控中心获取车辆信息工作原理(二)

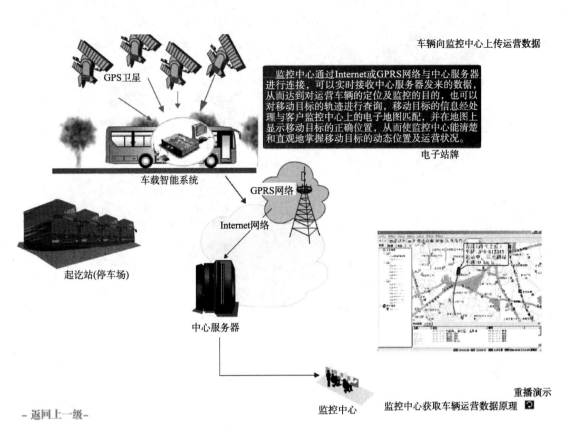

图 4-62　监控中心获取车辆运营数据原理

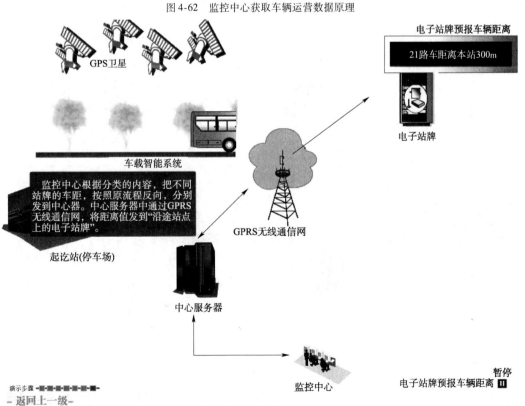

图 4-63　电子站牌预报车辆距离示意图

145

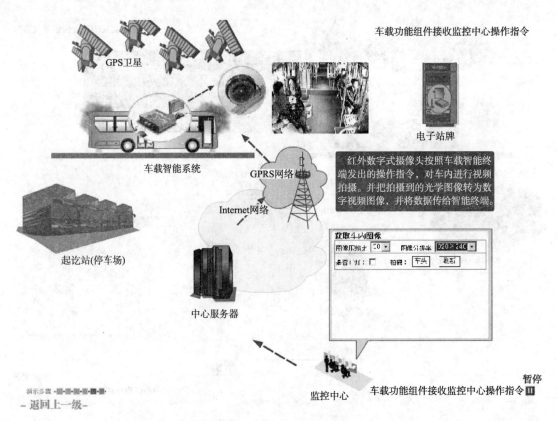

图 4-64　车载功能组件接收监控中心操作指令(一)

图 4-65　车载功能组件接收监控中心操作指令(二)

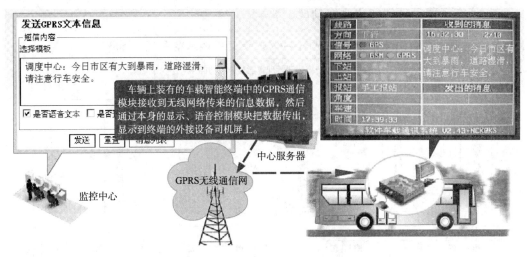

图 4-66　发送 GPRS 文本信息

一、城市公交智能调度系统

城市公交智能化调度系统的总体思路是以公交调度中心为核心,实行公交调度中心、分调度中心与公交车队三级管理体制。公交调度中心与分调度中心之间用数字数据服务专线相连,以满足两者快速准确交换信息的需要。

(1)公交调度中心功能——主要实现车辆监控与大屏显示、公交运营管理、与分调度中心间协调调度车辆、公交信息采集与发布的公交线网规划与评价等功能。

(2)分调度中心功能——负责所管辖的各线路营运车辆的调度及与附近的机场、火车站、港口相联系,相互传递静态信息(如发车时刻表)和动态信息(如客流信息、到达时刻信息)等。

(3)乘车服务的自动化和信息化。

车辆 ⇄ 分调度中心 ⇄ 公交调度中心

紧急救援中心

交通管理与控制中心

公交车辆内安装有接收设备和双向通信设备,能够实现车辆自动定位,并将定位信息发送给分调度中心,使其能够实时监测车辆的运行状况,并向车辆发布加速、减速、越站、跨线、折返等指令。

当车辆在行驶过程中遇到交通阻塞、交通事故或者在车内发生抢劫、火灾、乘客纠纷、故障、拥挤等紧急情况时,驾乘人员可通过车载设备上的相应按键向分调度中心发出路阻、事故、故障、拥挤、纠纷、救助等短信息,分调度中心接收到信息后,及时与公交调度中心取得联系,并与紧急救援中心、交通管理与控制中心相配合完成事故处理、人员救助、疏散交通等任务。同时,依据当前客流信息、交通流量、占有率等数据合理调度车辆。公交车辆内还可设有电子收费、乘客计数、电子公告板等装置,实现乘车服务的自动化和信息化,也便于公交公司统计客流情况,为线网规划与行车时刻表的编制提供可靠数据。另外,公交调度中心还能够根据交通管理与控制中心提供的实时交通数据,信号配时方案,预测车辆在站点间的行程时间,并将相关信息显示在电子站牌上。

二、公交运营管理智能化系统功能

公交运营管理智能化系统功能见图4-67。公交线路调度系统见图4-68。

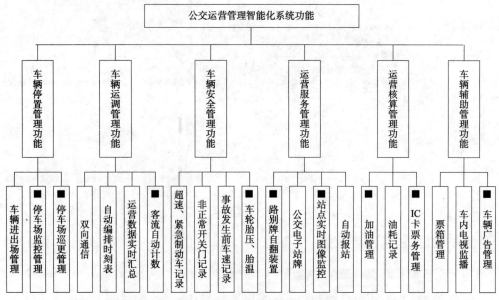

图4-67　公交运营管理智能化系统功能图

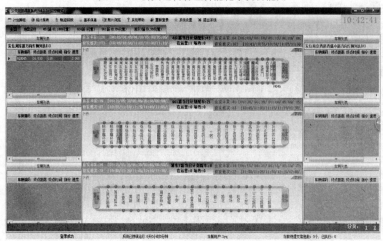

图4-68　公交线路调度系统

1.功能一：车辆停置管理功能

(1)车辆进出场管理——可自动判别、记录车辆进场、出场的时间和地点。

(2)停车场监控管理——采用摄像摄录方式，对停车场的动态进行实时监控。

(3)停车场巡更管理——对停车场管理人员的巡查路线、时间、次数进行监控。

2.功能二：车辆运调管理功能

(1)驾驶员与调度双向通信——驾驶员在运营中可向调度室及时发送突发事件及路况信息，调度员可向驾驶员实时发送调度指令。

(2)营运数据实时汇总——可采集到运营中所产生的各类数据，并生成调度员所需的各类报表。

(3)客流自动计数——采用红外、踏板和图像技术对上下车乘客自动计数。

3. 功能三：车辆安全管理功能

（1）车辆超速、急制动记录——有效控制驾驶员开快车,起到安全预防的作用。

（2）非正常开关门记录——对车辆在非站点开门和带速开门的状态进行记录。

（3）事故发生前车速记录——对车辆发生事故前的车速记录,便于事故分析。

（4）车轮胎压、胎温——使驾驶员在行驶前和行驶中清除轮胎所带来的安全隐患。

4. 功能四：运营服务管理功能

（1）路别牌自翻装置——公交车辆自始发站发车时如需更改线路,则可较为方便地对车牌线路号进行更改。

（2）公交电子站牌——公交电子站牌装置在线路沿途每个车站上,能够及时显示该条线路、下一辆车大致到达时间。

（3）站点实时图像监控——通过终点站安装的监控摄像头,及时了解乘客情况。

（4）自动报站——当到达相应的站点位置时即自动进行报站,做到方便、正确,无需人工操作。

5. 功能五：运营核算管理功能

（1）加油管理——对进入加油站的车辆判别身份,并自动记录加注量、时间、油种。

（2）油耗记录——通过对油量的不间断检测,及时了解车辆存油量。

（3）票务管理——建立一个高效率、实时性好、安全可靠的票务管理系统,可与全球定位系统 IC 卡交易数据库、运营汇总数据库无缝连接,以获取 IC 卡票务运营信息。

6. 功能六：车辆辅助管理功能

（1）票箱管理——采用保险箱电磁锁,用 64 位光刻电子密钥开启票箱。票箱非正常开启可及时传回车辆调度控制中心并记录在案,达到防盗的目的。

（2）车内电视监播——对车内电视是否开启进行监控,并作为异常信息传回。

（3）车辆广告管理——对车身广告的发布形式、内容、期限进行监控。

任务二　认识城市公共交通信息化平台

上海市公交信息化平台监管系统是面向公交企业的调度管理系统和"电子站牌信息发布系统"的,主要功能包括"行业监管、数据备份、数据共享"等内容,具体目标如下：

一、行业监管

1. 运营监管

公交企业运营监管,运营监管着眼于具体的行业操作层面,要实现根据公交公司的车载终端上传动态数据,自动生成详细的供应保障、服务质量、安全生产、成本效率等方面的监管数据,为电子站牌的运行状况提供监管手段,评估电子站牌信息服务质量。

2. 决策辅助

决策辅助支持,生成决策辅助数据。比如判断公交服务供应是否满足实际需要、公交服务质量的详细情况、公交线路经营情况(如客流、油耗等运营数据),并据此计算公交补贴、线路经营权考核等。

3. 数据评估

对车载终端(由各个公交企业建设)进行数据质量评估。对公交车载终端上传数据进行质量评估,判断车载终端数据是否满足电子站牌信息发布和行业监管的需要。对"电子站牌信息发布系统"的信息发布数据进行评估。

二、数据及功能备份

（1）该系统是公交全行业车载终端动态数据的备份中心。

（2）作为电子站牌信息发布的应急灾备，必要时数据可以通过DVB-T发布到电子站牌上，以确保电子站牌信息发布的持续、稳定、可靠。

（3）为行业的其他功能提供可能。

三、数据共享

通过该系统，一方面实现各企业数据的共享，另一方面本系统采集的数据，也将为上海市交通和港口管理局监控平台、上海市交通信息平台提供数据支撑。相关界面示意见图4-69~图4-77。

图4-69 监控中心平台

图4-70 登录系统界面

图4-71 车载信息质量分析界面

图4-72 车载信息接收实时统计界面

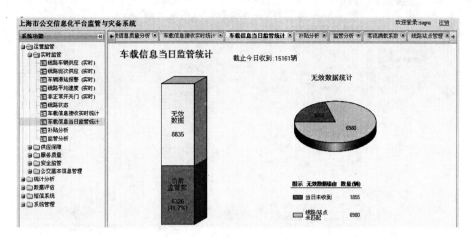

图 4-73 车载信息当日监管统计界面

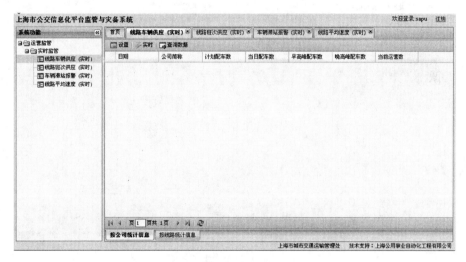

图 4-74 线路车辆供应界面

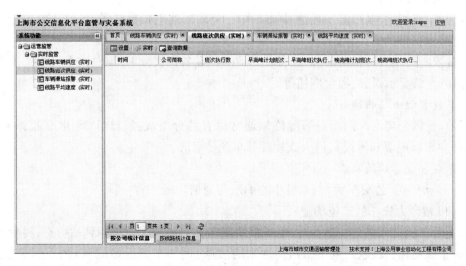

图 4-75 线路班次供应界面

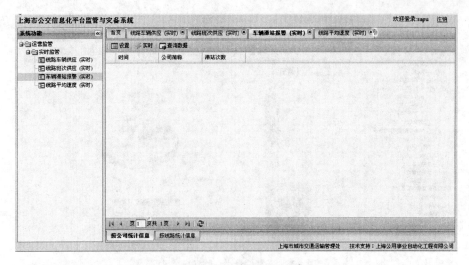

图4-76　车辆滞站报警界面

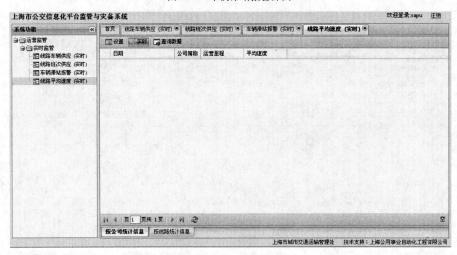

图4-77　线路平均速度界面

1. 车载智能终端

就将IC卡、电子报站器、通信控制器(采用GSM短信息)、黑匣子通过CAN(即控制器局域网)总线连接成的有机整体。

车载智能终端具有扩展功能,还可将其他一些设备连接到CAN总线上,例如,上下车乘客计数器、车载显示器、交通台广播等。

2. 车载智能终端的组成

目前,我国公交汽车的车载智能终端通常由五部分组成:IC卡POS、电子报站器、GSM通信机(含车载电源和天线)、嵌入式软件和车载显示屏。

3. 车载智能终端的功能

(1)移动单元(公交车辆)与调度中心的双向通信功能。

(2)以站台为核心的定位功能。

当运营车辆进入某公交站台时,电子报站器向车上乘客广播车辆到站信息,提醒乘客下车,这时车载通信机接收到电子报站器送来的信息(例如车辆进站信息)加上固定信息(线路、车号、上/下行标志等)组成一条短信息,实时发送给调度中心,这一过程就实现了以公交站台为核心的公交车辆定位。

(3)客流量实时采集功能。

当运营车辆进入某公交站台后,上车乘客经过IC卡POS计数和分类,就能掌握本站上车乘客的数量。当乘客上车完毕,电子报站器向乘客广播车站离站信息,这时车载通信机接收到电子报站器送来的信息,立即与IC卡POS交换数据,获取本站上车乘客的总数量和分类统计数量,加上固定信息(线路、车号、上/下行标志等)组成一条短信息,实时发送给调度中心,这一过程就实现了客流量的实时采集。

(4)突发事件求援功能。

当运营车辆在行驶过程中遇到突发事件,根据不同的突发事件设置不同的应变功能,如:对于暴力事件设置隐蔽的防暴按钮,驾乘人员在不露声色的情况下就能完成报警;对于交通事故,可以通过设定的功能键,向相关系统求援(110、120、119),以赢得宝贵的抢救时间。

(5)在线数据维护功能。

调度中心通过GSM系统可以实时修改电脑报站器中的数据,使车辆改道后电脑报站器内容与实际一致;调度中心通过GSM系统可以实时修改IC卡POS中的黑名单数据,使IC卡挂失能真正的实现;调度中心通过GSM系统可以实时修改车载显示屏中广告和交通状态信息,使出行者在途能掌握主动,使管理者通过合理管理车载显示屏广告获得更多的效益。

(6)出行者在途交通信息反馈功能。

调度中心经过数据处理和分析可以提供线路运营状态(如路况、路堵原因、相关路线乘客饱和度)、运营车辆状态(如本班车满载率、下一班车满载率、下一班车离本班车的时间等),以便出行者主动选择换乘线路或车辆,体现公交"以人为本"的服务宗旨,赢得更多的出行者选择公共交通的出行方式。

相关概念解读:

(1)信息采集就是对原始信息的获取。

①公交车辆定位采集

a. 基于GPS的车辆定位;

b. 基于RFID的车辆定位。

②公交客流信息采集

通过安装与公交车辆电子检测设备,以及票务运营数据,统计、分析公交车辆一定时期内的营运客流统计信息。目前常用的自动客流信息采集技术有:

a. 利用公交IC卡进行公交客流调查。公交IC卡在国内许多城市都有应用,不仅方便了广大乘客,而且也提供了一种新的客流调查统计手段。IC卡信息量大且全面,技术简单成熟,通过对IC卡数据接口的系统设计,可以获取乘客上车时间、相应站点等数据,也可以通过数据分析得到公交乘客出行基本信息,包括平均出行次数、起讫点(OD)分布、平均换成次数等。

b. 自动乘客计数。

自动乘客技术(Automatic Passenger Counter,APC)是自动采集乘客上下车时间和地点的有效方法,结合车辆自动定位、无线信息传输等技术,可以传送实时客流信息;通过数据管理系统和地理信息系统,经过数据统计和空间分析可以得到运营所需的多样、广泛的数据资料。它是智能公交系统的必要组成部分,需要与其他系统共同协调使用,成本及运营环境要求较高。

③公交行车信息采集

通过安装公交车辆行驶记录仪、燃油检测器、温度记录仪、车载视频(3G 模块)等公交基础信息采集设备,查询、统计、分析公交运营车辆行车里程、行车时间、行车油耗等业务数据及实时车速、车内温度等车辆安全运行数据,上述数据综合汇总为公交运营车辆行车基本属性信息。

(2)信息传输是信息在时间和空间上的转移,因为信息只有及时、准确地送到需要者的手中才能发挥作用。

(3)信息加工包括信息形式的变换和信息内容的处理。信息的形式变换是指在信息传输过程中,通过变换载体,使信息准确地传输给接收者。

(4)信息的内容处理是指对原始信息进行加工整理。经过信息内容的处理,输入的信息才能变成所需要的信息,才能被适时有效地利用。信息送到使用者手中,有的并非使用完后就无用了,有的还需留做事后的参考和保留,这就是信息储存。通过信息的储存,可以从中揭示出规律性的东西,也可以重复使用。

(5)及时。及时是信息管理系统要灵敏、迅速地发现和提供管理活动所需要的信息。这里包括两个方面:一方面要及时地发现和收集信息。现代社会的信息纷繁复杂,瞬息万变,有些信息稍纵即逝,无法追忆。因此,信息的管理必须最迅速、最敏捷地反映出工作的进程和动态,并适时地记录下已发生的情况和问题。另一方面要及时传递信息。信息只有传输到需要者手中才能发挥作用,并且具有强烈的时效性。因此,要以最迅速、最有效的手段将有用信息提供给有关部门和人员,使其成为决策、指挥和控制的依据。

(6)准确。只有准确的信息,才能使决策者做出正确的判断。失真以至错误的信息,不但不能对管理工作起到指导作用,相反还会导致管理工作的失误。为保证信息准确,首先要求原始信息可靠。只有可靠的原始信息才能加工出准确的信息。信息工作者在收集和整理原始材料的时候,必须坚持实事求是的态度,对原始材料认真加以核实,使其能够准确反映实际情况。其次是保持信息的统一性和唯一性。公交企业管理系统的各个环节,既相互联系又相互制约,反映这些环节活动的信息有着严密的相关性。所以,系统中许多信息能够在不同的管理活动中共同享用,这就要求系统内的信息应具有统一性和唯一性。公交企业要求信息处理的数量越来越大,速度越来越快。为了让公交企业的管理者及时掌握准确、可靠的信息,以及执行之后构成真实的反馈,必须建立一个功能齐全和高效率的公交企业信息管理系统。信息管理系统采用以计算机为主的技术设备,通过自动化通信网络,与各种信息终端相连接,利用完善的通信网,沟通各方面的联系,以保证迅速、准确、及时地收集情况和下达命令。

思考与练习

1. 熟悉城市公交信息化平台监管系统操作界面,收集相关信息。
2. 熟悉城市公共交通智能化调度系统功能。

参考文献

[1] 黄融.公共交通优先——上海解决城市交通问题的探索与实践[M].上海:上海人民出版社,2012.
[2] 上海市中等职业教育课程教材改革办公室.城市交通信息技术应用专业教学标准[S].上海:华东师范大学出版社,2008.